**Bibliografische Information der Deutschen Nationalbibliothek:**

Die Deutsche Nationalbibliothek verzeichnet diese Publikation in der Deutschen Nationalbibliografie; detaillierte bibliografische Daten sind im Internet über http://dnb.d-nb.de abrufbar.

**Impressum:**

Copyright © 2013 ScienceFactory

Ein Imprint der GRIN Verlags GmbH

Druck und Bindung: Books on Demand GmbH, Norderstedt, Germany

D1743253

# Don Juan,

# der Frauenheld

# Don Juan
# von Mozart bis heute

Von Angela Ott, 2006

# Einleitung

Don Juan ist keine historische Figur, sondern ein literarischer Typus. Generationen von Autoren haben über ihn bereits Bücher, Gedichte, Opern, etc. verfasst. Zurückzuführen sind diese Werke auf ein Theaterstück von 1613. Dies schrieb der spanische Mönch Gabriel Tellez unter dem Pseudonym Tirso de Molina: ‚El burlador de Sevilla y convidado de piedra'.

Don Juan ist ein Rebell, der die vorherrschende Gesellschaftsordnung in Frage stellt. Er lebt aus dem Augenblick heraus und ist durch sinnlich-erotische Spontaneität gekennzeichnet. Tirso de Molina schrieb dieses Stück als moralische Zurechtweisung für seine Zeitgenossen. Sie sollten erkennen, dass jeder Sünde eine Bestrafung folgt. Das Stück erzählt die Geschichte eines Mannes Don Juan, der, nachdem er verschiedene Frauen verführt und deren Ehre aufs Spiel gesetzt hat, gewissenlos deren Väter oder Ehemänner in Duellen tötet. Selbst während er auf der Flucht ist, kann er es nicht lassen, Frauen zu verführen und je zurückhaltender sie sind, desto mehr will er sie. Als Don Juan wieder in seinen Heimatort zurückkehrt, wird er letztendlich von einem steinernen Standbild, das ein von ihm im Duell getöteten Vater einer der verführten Frauen darstellt, in die Hölle hinuntergezogen. Der Vater gilt damit als Richter Gottes für Don Juan.

Diese Arbeit will nun einen genaueren Blick auf die in dieser Tradition stehenden Bearbeitungen in der Literatur, respektive Film, besonders des 20. Jahrhunderts werfen. Verglichen werden sollen Mozarts, beziehungsweise da Pontes, „Don Giovanni", als eine frühe, und für die Tradition wichtige, Fassung des Themas. Durch diese Oper hat Don Juan, so wird behauptet, seine heutige Berühmtheit erlangt. Als Beispiele des 20. Jahrhunderts werden Max Frischs „Don Juan oder die Liebe zur Geometrie" als literarische Fassung und der Film „Don Juan DeMarco" mit einer Buchversion von Jean Black White, nach dem Drehbuch von Jeremy Leven, genauer betrachtet. Nicht nur, dass diese drei Stücke aus unterschiedlichen Zeiten stammen, sie sind auch verschieden durch ihre Medien: Oper, Bühnenstück und Film. Die Werke werden im Hinblick auf ihre vergleichbaren Figurentypen und einzelner zentraler Szenen genauer analysiert.

## Mozart und da Ponte „Don Giovanni"

Die Oper „Don Giovanni" von Wolfgang Amadeus Mozart, mit dem Libretto von Andrea da Ponte, wurde am 29. Oktober 1787 in Prag uraufgeführt, allerdings musste die Aufführung zweimal verschoben werden, da Mozart die Oper in Prag noch nicht fertig gestellt hatte. Es ist eine Opera buffa in zwei Akten.

Die Oper ‚Don Giovanni' handelt von einem Frauenverführer, der stets auf der Suche nach neuen Abenteuern ist, für den dafür kein Aufwand zu groß ist und der am Ende wegen seiner unbereuten Taten stirbt. Sie beginnt mit der Verführung Donna Annas durch Don Giovanni, welche eskaliert, als auf ihren Hilferuf ihr Vater, der Komtur, auftaucht und im Duell mit Don Giovanni stirbt. Don Giovanni, der unerkannt bleibt, kann fliehen. Daraufhin erscheint Donna Annas Verlobter Don Ottavio und gemeinsam schwören sie den Mord zu rächen. So ist das Folgende geprägt von der Suche nach dem ‚Mörder', aber auch durch die amourösen Abenteuer des titelgebenden Protagonisten. Er trifft auf Donna Elvira, eine verflossene Liebschaft, die ihn beschimpft, weil er sie verlassen hat. Doch Don Giovanni überlässt es seinem Diener Leporello sich mit ihr auseinander zu setzen. Dieser berichtet Donna Elvira schonungslos von Don Giovannis Register über dessen Verführungen. Die Begegnung mit ihr hindert Don Giovanni nicht daran, sich weiter nach anderen Frauen umzusehen. Auf einer Bauernhochzeit trifft er Zerlina, die Braut. Der Verlobte Masetto sieht dies zwar, kann jedoch aufgrund der Standesunterschiede nichts unternehmen. Don Giovanni lädt die gesamte Gesellschaft auf sein Schloss ein und schickt alle außer Zerlina vor, so dass er sich in Ruhe mit ihrer Verführung befassen kann, doch die beiden werden von Donna Elvira gestört. Kurz darauf treffen Donna Anna und Don Ottavio nichtsahnend auf den Protagonisten und bitten um Hilfe bei der Suche nach dem Mörder des Komturs. Donna Elvira stößt erneut hinzu und versucht Donna Anna und Don Ottavio von der Wahrheit zu überzeugen. Beide hin und hergerissen wissen nicht, wem sie glauben schenken sollen, doch Donna Anna erkennt die Stimme ihres Verführers wieder.

Im zweiten Akt tauschen Don Giovanni und Leporello die Kleider, damit Don Giovanni als Leporello verkleidet sich Donna Elviras Hausmädchen nähern kann, wobei Leporello als Don Giovanni verkleidet Donna Elvira abzulenken versucht. Jedoch wird der verkleidete Don Giovanni von Masetto aufgehalten, der den Verführer seiner Frau ermorden will. Doch Don Giovanni spielt seine Rolle als unglücklicher Diener seines Herrn so überzeugend, dass er Masetto die Waffen aushändigt und ihn verprügelt. Währenddessen treffen andere Verfolger

Don Giovannis auf den verkleideten Leporello, den sie für den Verführer halten. Leporello gibt sich zu erkennen und nutzt die Verwirrung, um zu fliehen.

Don Giovanni und Leporello treffen sich auf dem Friedhof wieder, wo die Stimme der steinernen Statue des dort begrabenen Komturs ertönt und Don Giovanni zur Ruhe ermahnt. Übermütig lädt Don Giovanni die steinerne Statue zum Abendessen zu sich ein, worauf diese die Einladung annimmt.

Donna Elvira, die von ihm nicht loskommt, bittet ihn sein Leben zu ändern. Don Giovanni reagiert mit Spott und auch der kurz darauf erscheinende steinerne Komtur kann ihn nicht zur Reue bewegen. So fährt Don Giovanni in die Hölle hinab.

## Max Frisch „Don Juan oder die Liebe zur Geometrie"

Die Komödie „Don Juan oder die Liebe zur Geometrie" wurde im Mai 1953 sowohl in Zürich als auch in Berlin uraufgeführt. Im Mittelpunkt steht ein Don Juan, der nur eine Liebe kennt und zwar die zur Geometrie. Für ihn ist es unvorstellbar, eine Frau zu lieben. Obwohl ihn sein Vater verschiedentlich ins Bordell mitnimmt, spielt er dort nur Schach. Er glaubt, ohne jede Liebe, ohne näheren Kontakt zu Menschen glücklich werden zu können. Max Frisch lässt seinen Protagonisten nach einigen Wirren genau an dieser Hybris scheitern – allerdings im Sinne einer Komödie. Don Juan wird – wie könnte es anders sein – doch noch zum Frauenheld, der alle seine früheren Ideale vergessen hat.

„Don Juan oder die Liebe zur Geometrie" beginnt mit der Nacht vor der Hochzeit von Don Juan und Donna Anna. Es findet ein großes Fest ihnen zu ehren statt, doch Don Juan versteckt sich. Zu Beginn des ersten Aktes werden fast alle wichtigen Figuren des Stücks dargestellt – die Einzige, die hier noch fehlt, ist Celestina, die Besitzerin eines Bordells, welche zum Ende eine wichtige Rolle einnehmen wird, indem sie den Steinernen Gast spielt. Sie wird erst in einem Intermezzo zwischen dem ersten und dem zweiten Akt vorgestellt. Es wird erklärt, warum diese Hochzeit stattfindet, trotz der oben genannten Abneigung Don Juans' gegenüber Frauen: Er ist der Held von Cordoba – er hat es geschafft eine Festung von Feinden auszumessen, und als Dank dafür hat ihm Don Gonzalo, der Komtur, die Hand seiner Tochter Anna versprochen.

In diesem ersten Akt wird Don Juan in der Betrachtung durch andere Personen dargestellt, sowie seine Einstellung zu Frauen und der Geometrie. Aber auch er selbst kommt in einem Gespräch mit seinem Freund Don Roderigo zu Wort, den er aus seinem Versteck heraus anruft, während gerade niemand anders zu sehen ist.

Aber nicht nur Don Juan versteckt sich. Auch Donna Anna geht heimlich in den Park, da sie sich ihrer eigenen Gefühle nicht sicher ist. Dorthin kommt auch Don Juan, ohne zu ahnen dass er dort Donna Anna trifft.

Die Hure Miranda befindet sich ebenfalls auf dem Fest, als sie jedoch entdeckt wird, wird sie aus dem Haus geworfen. In einem Gespräch mit Don Roderigo, den sie für Don Juan hält, da er maskiert ist, erfährt man, dass sie sich in diesen verliebt hat.

Der zweite Akt spielt am nächsten Tag, dem Tag der Hochzeit. Zuvor beichtet Donna Anna jedoch ihrer Brautjungfer Donna Inez, der Verlobten von Don Roderigo, dass sie einen Mann liebt, den sie in der Nacht im Park getroffen hat und mit dem sie geschlafen hat. Als der Brautschleier gelüftet wird, erkennen sich Donna Anna und Don Juan wieder als genau die jeweils andere Person, die sie am Vorabend im Park angetroffen und geliebt haben. Don Juan weigert sich unter diesen Umständen Donna Anna zu heiraten, da er meint, dass sie ihre Ehre damit verspielt hat. Er muss fliehen, da der Komtur und seine Neffen ihn ermorden wollen. Donna Elvira, die Mutter der Braut, hilft ihm, indem sie ihn in ihrer Kammer versteckt und ihn dort verführt.

Im dritten Akt findet man Don Juan mit Don Roderigo am nächsten Morgen auf den Treppen vor dem Haus. Eine verschleierte Frau tritt auf, von der Don Juan annimmt sie sei Donna Anna. Um sie loszuwerden, verrät er ihr, dass er in der Nacht nicht nur mit ihrer Mutter, sondern außerdem noch mit Donna Inez geschlafen habe. Don Roderigo stürzt daraufhin fort und ersticht sich. Don Gonzalo erscheint und fordert Don Juan erneut zum Duell heraus, bei welchem er stirbt. Als Nächstes erscheint Pater Diego mit der toten Donna Anna auf seinen Armen, die sich ertränkt hat. Daraufhin fordert Don Juan die verschleierte Frau auf, diesen zu lüften und entdeckt darunter Miranda.

Dreizehn Jahre später ist Don Juan ein weitbekannter Frauenheld. Obwohl er bankrott ist, bereitet er ein Fest vor, zu dem er nicht nur 13 Frauen, die er in den vergangenen Jahren verführt hat, sondern auch den Bischof von Cordoba eingeladen hat. Bevor die Gäste kommen, erscheint Celestina als zum Teil verkleidetes Denkmal und man erfährt, dass Don Juan, weil er sein Leben satt hat, wie es ist, seine eigene „Höllenfahrt" geplant hat. Miranda, die inzwischen die verwitwete Herzogin von Ronda ist, bietet Don Juan eine Zuflucht an, was dieser ablehnt. Mit dem Bischof möchte Don Juan eine Vereinbarung ausmachen, dass er in einem Kloster versteckt wird, so dass alle glauben er sei tot, er sich selbst aber endlich der Geometrie widmen kann.

Der letzte Akt spielt im Palast der Herzogin von Ronda. Da die Kirche sich nicht auf den Handel eingelassen hat, muss Don Juan doch das Angebot der Herzogin von Ronda annehmen. Er unterhält sich mit dem Bischof von Cordoba, dem ehemaligen Pater Diego, darüber, dass er nun ein Gefangener seiner selbst wäre, da er, wenn er das Schloss verlassen würde wieder als Don Juan leben müsse und sich nicht mehr der Geometrie widmen könne. Die Herzogin von Ronda erscheint und im Gespräch stellt sich heraus, dass die Höllenfahrt Don Juans als Theaterstück von Tirso de Molina mit großartigem Erfolg in Sevilla aufgeführt wird. Ihr wird schwindelig und sie erklärt den beiden, dass sie schwanger ist.

## Jean Black White „Don Juan DeMarco"

Der 1995 in den USA gedrehte Film ‚Don Juan DeMarco' ist das Regiedebüt des Drehbuchautors und Psychotherapeuten Jeremy Leven. Der Psychiater Dr. Jack Mickler - der sich dem Protagonisten des Films als Don Octavio del Flores vorstellt – will einen jungen, selbstmordgefährdeten New Yorker behandeln, der von sich selbst glaubt, er sei Don Juan DeMarco.

Zu Beginn des Films[1] wird dieser junge Mann – gespielt von Johnny Depp – vorgestellt. Er lebt im New York der 1990er Jahre, doch er trägt eine schwarze Zorro – Maske, einen weiten Umhang und einen Degen. Die Maske trägt er, weil er ein Gelübde abgelegt hat. Dies erfährt man jedoch erst im Laufe des Films. Er ist sehr sprachgewandt. Über 1500 Frauen behauptet er geliebt zu haben. Don Juan schreibt an seinem Tagebuch. Das Tagebuch will er als eine Art Nachlass für eine Person hinterlassen, die es Wert ist dieses Buch zu finden.

Nach Beendigung seines Tagebuchs macht er sich auf den Weg um sich selbst umzubringen: Doña Ana, seine große Liebe, hat ihn verlassen, nachdem sie erfahren hat, mit wie vielen Frauen er schon geschlafen hat. Also steht er kurz darauf auf einem Hausdach, um sich von dort in den Tod zu stürzen. Dabei trifft er Dr. Jack Mickler – Marlon Brando –, Psychiater und Selbstmordspezialist, der kurz vor seiner Pensionierung steht. Dieser wird von der Polizei mitten in der Nacht gerufen um den jungen Mann vor dem sicheren Selbstmord zu bewahren. Dr Mickler lässt sich auf das Spiel von Don Juan ein und stellt sich diesem als

---

1 Aus Gründen der Textsicherheit wird als Grundlage für diese Arbeit in erster Linie die gedruckte Version anstelle des Films genutzt.

Don Octavio del Flores vor. Als solcher schafft er es, den Protagonisten vom Dach in eine psychiatrische Klinik zu bringen.

Aufgrund seiner anstehenden Pensionierung wird Dr. Jack Mickler der Fall zunächst entzogen. Doch da ‚Don Juan' nicht mit den anderen Psychiatern kooperieren will, wird der Fall erneut Dr. Jack Mickler übertragen. Indem er ihm weiter vorspielt, Don Octavio del Flores zu sein, gewinnt er das Vertrauen seines Patienten. Dieser erzählt ihm immer mehr von seiner, vermeintlichen, Lebensgeschichte. Hierdurch beeinflusst er Dr. Mickler, welcher wieder beginnt, seine Frau erneut kennen zu lernen und ihre Liebe zu erneuern.

Im späteren Verlauf des Films erfährt Dr. Jack Mickler, durch die Großmutter des Mannes, Catherine de Marco, den wahren Namen des Titelhelden: John Arnold de Marco. Hiermit wird er wieder mit den Tatsachen konfrontiert und schafft es Don Juan davon zu überzeugen für die Anhörung, die ihn nach 10 Tagen erwartet Medikamente zu nehmen, um dort ‚normal' zu erscheinen. Als er daraufhin entlassen wird, wird er von Dr. Jack Mickler aufgenommen und fliegt mit ihm und seiner Frau auf die Insel, auf der er seine Doña Ana verloren hat. Dort angekommen findet er sie am Strand wieder und sie vergibt ihm. Das Ende des Films wird markiert von den zwei sich wiedergefundenen Paaren an einem einsamen Sandstrand.

## Vergleich der Charaktere

### Don Giovanni – Don Juan – Don Juan DeMarco

Obwohl sich alle drei Werke mit Don Juan beschäftigen, sind auf den ersten Blick nur wenige Gemeinsamkeiten auszumachen. Nicht nur die unterschiedlichen Zeitepochen in denen die Stücke spielen, sondern auch die Figur des Don Juan schaffen viele unterschiedliche Gesichtspunkte, unter denen man diese Werke charakterisieren kann. Mozarts Don Giovanni ist eindeutig der Lebemann wie man ihn sich vorstellt. Man kann ihn als „sinnliches Faszinosum, als erotisches Genie"[2] betrachten, welches keine Rücksicht auf die Gefühle anderer, weder auf die der Frauen, mit denen er sich einlässt, noch auf die der Gesellschaft, nimmt. Er bereut nicht seine Taten, was man in der 15. Szene des zweiten Aktes der Oper eindeutig bewiesen bekommt:

---

2 Jacobs, Hans J.: Don Juan – heute: die „Don Juan – Figur" im Drama des zwanzigsten Jahrhunderts. Mythos und Konfiguration. With a summary in English. Avec un résumé en français. Mit 18 Abbildungen. Rheinbach-Merzbach 1989. S. 40.

*„ORDENSRITTER. Bereue, ändere Dein Leben.*
*Es ist der letzte Augenblick!*
*DON GIOVANNI (versucht vergeblich sich loszumachen).*
*Nein, nein, ich bereue nichts,*
*geh fort von mir!*
*ORDENSRITTER. Bereue, Verbrecher!*
*DON GIOVANNI. Nein, närrischer Alter!*
*ORDENSRITTER. Bereue!*
*DON GIOVANNI. Nein!*
*ORDENSRITTER, LEPORELLO. Doch!*
*DON GIOVANNI. Nein!"*3

Für ihn ist das Leben eher eine Art Spiel, in dem er machen kann, was er will. Er nimmt seine Gegner nicht ernst. Seine Gegner sind auf den ersten Blick eher schwache Charaktere, doch am Ende siegt dennoch nicht Don Juan, sondern der Ordensritter, der Vater von Donna Anna, aus dem Totenreich woher er, unerwähnt im Text, Unterstützung bekommt.

Im 20. Jahrhundert ändert sich die Person des Don Juan sehr im Verhältnis zu seiner Urfassung von Tirso de Molina aber auch zu der Mozarts. Er „ist nicht mehr der ‚Meteor' [], sich selbst als unumstürzbares Prinzip setzend, er wird viel eher als an seinem Dasein leidend dargestellt."4 Don Juan will etwas anderes, will nicht mehr nur noch möglichst viele Frauen verführen, er möchte seinem ‚Hobby' nachgehen, wie der Geometrie bei Max Frisch, oder einfach seine Geliebte zurück bekommen oder sterben, wie bei Jeremy Leven, beziehungsweise wenn man sich die psychiatrische Seite dieser Figur annimmt, möchte John Arnold de Marco vor seinem Leben fliehen und flieht so in die Gestalt des Don Juan, der allerdings auch leiden muss.5

Max Frischs Don Juan will eigentlich nur für sich sein, sich der Geometrie verschreiben, aber durch einen unglücklichen Zufall wird er zum zukünftigen Bräutigam von Donna Anna. Diese nimmt sich jedoch seinetwegen das Leben, da er eine Frau, die sich in der Nacht vor der Hochzeit einem anderen Mann hingibt nicht heiraten möchte, auch wenn er selbst es war. Später im Stück erfährt der Leser, dass er mittlerweile 13 Frauen verführt hat und ein Leben jenseits der Geometrie führt. Auch er bereut nichts, doch eher aus dem Grund, dass er meint, die Frauen hätten ihn verführt, da sie meinten seinen Ruf zu

---

3 Mozart, Wolfgang Amadeus: Don Giovanni. Der bestrafte Verführer oder Don Giovanni. Komödie in zwei Akten. Libretto von Lorenzo da Ponte. Übersetzung aus dem Italienischen von Thomas Flasch. Stuttgart 1986. S.153.
4 Jacobs. S. 25.
5 Auch wenn in dieser Arbeit nicht näher darauf eingegangen werden kann, gibt es im 20. Jahrhundert in der Literatur immer noch den ursprünglichen Typus des Don Juan.

kennen. Auch hier findet sich eine Szene, in der es um eine Höllenfahrt geht, doch diese ist in der Mitte der Komödie und ist von Don Juan selbst inszeniert, um sich für immer aus der Öffentlichkeit zurückziehen zu können und sich seiner wahren Liebe widmen zu können. Dies läuft jedoch nicht in seinem Sinn, so fristet er sein Leben nach der Höllenfahrt als Ehemann und werdender Vater. Er kann sich zwar mit der Geometrie beschäftigen, ist aber auch in seiner ‚eigenen Hölle' da er sich dieser nicht alleine widmen kann.

Don Juan DeMarco von Jeremy Leven ist wiederum ein ganz anderer Typ. Er will für seine große Liebe sterben. Auch er hat, wie Don Giovanni über 1000 Frauen geliebt[6], doch ist ihm das nicht wichtig, nachdem er seine Doña Ana gefunden hat. Allein die Tatsache, dass sie nicht damit umgehen kann und ihn daher verlässt, bringt ihn dazu sterben zu wollen. Der größte Unterschied besteht jedoch darin, dass Don Juan DeMarco im New York der 1990er Jahre spielt und eigentlich einen jungen Mann zeigt, der eine psychische Störung hat, und daher in die Figur des Don Juan flieht. Don Juan DeMarco wird als ein einfühlsamer, ruhiger, junger Mann dargestellt, der durch verschiedene Schicksalsschläge zu dem geworden ist, der er ist.

In diesem Film findet sich keine sofort sichtbare Höllenfahrt, doch könnte man die Sequenz in der ‚Don Juan' Medikamente nehmen muss um als ‚John Arnold de Marco' zu erscheinen als eine Höllenfahrt für ihn bezeichnen. Er muss wieder in die Gegenwart seines alten Ichs zurückkehren, um daraufhin seine Freiheit aus der Psychiatrie zu erlangen. Anstelle von Gott ist hier ein staatlicher Richter gesetzt. Eine weitere Möglichkeit der Höllenfahrt ist sein Verhältnis zu Doña Ana, da er nur durch ihre Vergebung seiner Sünden so leben kann, wie er möchte, mit ihr in seinem Paradies. Don Juan DeMarco ist, im Gegensatz zu den beiden vorher genannten, bereit sich der Sühne zu stellen.

Frank Göbler zufolge sind „die Interessen Hollywoods […] anders gelagert" „die traditionelle Verknüpfung von Eros und Tod, die ansonsten die vielleicht interessanteste Konstante älterer Don-Juan-Figuren bildet [, wird]" „weitgehend eliminiert".[7] Zwar will sich Don Juan DeMarco umbringen, doch bringt er selbst niemanden um. Alle die seinetwegen gestorben sind, sind durch die Hand anderer gestorben. So der Ehemann seiner ersten Geliebten. Dieser ist durch die Hand des Vaters von Don Juan DeMarco gestorben, da dieser die Ehre seiner

---

6 Vgl.: Blake White, Jean: Don Juan DeMarco. Roman zum Film. Nach einem Drehbuch von Jeremy Leven. Übersetzung aus dem Englischen von Caspar Holz. München 1995. S. 8. „Ich habe über tausend Frauen geliebt – eine bemerkenswerte Leistung für einen Mann von meinem – zugegeben – zarten Alter."
7 Göbler, Frank (Hrsg.): Don Juan – Don Giovanni – Don Zuan. Europäische Deutung einer theatralen Figur. Tübingen, Basel 2004. S. 8.

eigenen Frau verteidigen wollte, besagter Ehemann hatte, nachdem er selbst zum Hahnrei gemacht worden ist, verlauten lassen, dass er selbst eine heimliche Affäre mit der Mutter Don Juans gehabt habe. Daher fordert ihn der Vater von Don Juan zu einem Duell heraus, bei dem er den Ehemann tötet, aber auch selbst durch die Hand des anderen getötet wird. So wird Don Juan nicht wegen der Frauen, die er verführt hat, verfolgt um sich dann als Konsequenz daraus einem Duell stellen zu müssen. Im Gegensatz dazu stehen ganz eindeutig Don Giovanni und der Don Juan des Max Frisch.

Weiterhin bleiben die Höllenfahrt und der steinerne Gast zwei wichtige Punkte, eindeutig zumindest in zweien der drei Werke. Sie gelten als „katholische Requisiten"[8]. „Dem Stoff [bleibt] der konzeptionelle christliche Angelpunkt sündiger Hybris und sühnender Bestrafung weit bis ins 20. Jahrhundert hinein erhalten – nur stehen an der Stelle des katholischen Steinernen Gastes Alter, Einsamkeit, Krankheit, Impotenz oder Ehe und Vaterschaft (etwa bei Max Frisch)."[9] Wie man bereits oben sehen konnte ist es allerdings nicht ganz leicht, Don Juan DeMarcos Höllenfahrt zu finden. Ein Beweis dafür, dass man die Krankheit John Arnold de Marcos, seine psychische Störung oder aber auch genau die Umkehrung dessen, das ‚Wieder-Normal-Werden' Don Juan DeMarcos als solche Bestrafung sehen kann, liefert die eben genannte Theorie von Beatrix Müller-Kamp.

### Donna Anna – Donna Anna – Doña Ana

Donna Anna ist bei Mozart die „große Rachegöttin der Oper"[10]. Sie will ihre Ehre verteidigt wissen und ihren Vater rächen lassen. Als Gegenspielerin zu Don Giovanni hat sie eine starke Position. Max Frischs Donna Anna wirkt eher wie eine zarte Puppe, ihr ist es nicht möglich sich gegen ihn aufzulehnen, stattdessen bringt sie sich aus Liebeskummer um. Doch durch ihr Handeln bestimmt auch sie das weitere Leben Don Juans. Dadurch dass sie sich in der Nacht vor der Hochzeit auf ihn eingelassen hat, ohne zu wissen, wer er ist, weigert er sich, sie am nächsten Morgen zu heiraten. Bei der Verabschiedung von Donna Anna, vor seiner Flucht sagt er:

8 Müller-Kampel, Beatrix: vom Herausforderer Gottes zum Hanswurst seiner Hormone: Don Juan im deutschen Sprachraum vom 17. Jahrhundert bis zur Gegenwart. In: Göbler, Frank (Hrsg.): Don Juan – Don Giovanni – Don Zuan. Europäische Deutung einer theatralen Figur. Tübingen, Basel 2004. S 37.
9 A.a.O.
10 Jacobs. S. 42.

*„Don Juan:Lebwohl! Er küßt Donna Anna die Hand. Ich habe Dich geliebt, Anna, auch wenn ich nicht weiß, wen ich geliebt habe, die Braut oder die andere. Ich habe euch beide verloren, beide in dir. Ich habe mich selbst verloren. Er küßt nochmals ihre Hand. Lebwohl!"11*

Durch seine Aussage: „Ich habe mich selbst verloren" wird klar, dass Anna Einfluss auf sein Leben nimmt. Er muss sich selbst wiederfinden um sein Leben wieder bestimmen zu können. Sowohl bei Mozart als auch bei Frisch verfolgt Donna Anna Don Giovanni/Don Juan direkt oder indirekt bis zu seinem Höllensturz. Endet die Oper damit das Don Giovanni sein Leben geben muss, ist durch die inszenierte Höllenfahrt bei Frisch der Weg weitestgehend für ihn frei sich endlich ein Leben aufzubauen, wie er es sich wünscht, auch wenn das heißt, dass er heiraten muss. Donna Anna bei Mozart bekommt ihre Rache, sie überlebt aber man weiß nicht, ob sie je Don Ottavio heiraten wird, sie erbittet sich noch ein Jahr Bedenkzeit von ihm. Dies kann man als Hinweis sehen, dass auch sie sich zu Don Giovanni hingezogen fühlt, auch wenn es nie explizit gesagt wird. Bei Frisch verliert sich Donna Annas Einfluss an dieser Stelle, da Don Juan sich endlich wieder der Geometrie hingeben kann.

Ganz anders ist die Figur der Doña Ana von Jeremy Leven. Ihr Auftritt ist noch kürzer als der der Anna bei Frisch, doch hat sie einen starken Einfluss auf das Leben Don Juans. Die Maske, von der er geschworen hat, sie niemals abzusetzen, nachdem er Doña Julia verführt hat und dadurch sein Vater gestorben ist, ist er bereit für Doña Ana abzusetzen, damit sie ihm die vielen Frauen vergibt, die er vor ihr hatte.

*„ '[...] Für den Schmerz, den ich ihr zugefügt hatte, nahm ich meine Maske ab. Mein Gesicht war nackt und tränenüberströmt. Ich bot ihr für immer meiner Maske, meinen Kummer an, zusammen mit meinem Körper, meiner Seele. Ich erzählte ihr, mit der Maske gäbe ich ihr meine Schande, meine Geschichte, meine unsterbliche Liebe.'"12*

Für sie würde er seinen Schwur brechen, für sie würde er alles tun. Don Juan bei Frisch und Don Giovanni würden dies niemals tun. Sie sind zu sehr Egoisten als das sie auf die Wünsche oder Bitten anderer eingehen würden, zumindest stimmt dies in Bezug auf Donna Anna. Frischs Don Juan würde dies nur für die Geometrie tun. Dennoch bestimmen alle drei Frauen das Leben der Protagonisten in entscheidender Weise.

---

11 Frisch, Max: Don Juan oder die Liebe zur Geometrie. Komödie in fünf Akten. Frankfurt am Main 1963. S. 37.
12 Blake White. S. 186.

### Weitere Frauentypen – Donna Elvira und Miranda

Mozarts' Donna Elvira ist eine leidenschaftliche Frau, die von Don Giovanni nicht loskommt, obwohl er sie verlassen und betrogen hat. Da sie nichts mehr zu verlieren hat, lässt sie sich nur noch von ihrer Wut leiten. Im Laufe der Oper hilft sie Donna Anna Don Giovanni als Verbrecher zu überführen, dennoch hofft sie, dass er am Ende bereuen und zu ihr zurückkommen wird. Nach der Höllenfahrt geht sie ins Kloster, da für sie die Liebe nun für immer verloren ist. Donna Elvira ist eine starke Persönlichkeit und eine der wenigen Figuren in der Oper, die es mit Don Giovanni auf gleicher Ebene aufnehmen können. Sie weiß was sie will und lässt sich nicht so leicht in die Irre führen.

Max Frisch besetzt Donna Elvira ganz anders, sie ist die Mutter von Donna Anna. Doch auch sie ist Don Juan verfallen. Sie schafft es, Don Juan zu verführen. Statt im Kampf zwischen ihrem Mann und Don Juan während der Hochzeit einzugreifen und sich für ihren Mann einzusetzen, setzt sie sich für Don Juan ein. Als sie jedoch zu dem 13 Jahre später stattfindenden Fest kommt, und sieht wie der steinerne Komtur Don Juan in die Hölle schickt, geht auch sie ins Kloster, da sie nun endgültig sieht, dass sie Don Juan niemals mehr für sich gewinnen kann.

Eine weitere wichtige Figur bei Max Frisch ist Miranda. Diese findet sich in keiner Vorlage und ist somit eine von Frisch erfundene Figur. Miranda ist die einzige Frau die Don Juan dazu bringen kann sie zu heiraten und Vater ihres Kindes zu werden. Sie liebt ihn von Beginn an. Als Einzige wird sie nicht eine der Frauen die Don Juan in den 13 Jahren verführt. Dies mag daran liegen, dass sie eine Hure ist. Eine Frau also, die nicht verführt zu werden braucht. Dadurch hat sie die Gelegenheit ihr Leben zu leben. Sie heiratet zwischenzeitlich einen reichen Mann und als er stirbt, hat sie die Möglichkeit Don Juan ihre Hilfe anzubieten.

### Don Ottavio – Don Roderigo – Don Octavio del Flores/Dr. Jack Mickler

Don Roderigo hat genau wie Miranda keine Vorlagen in der Literatur[13], dennoch kann er als Vergleich zu Don Ottavio und Don Octavio del Flores herangezogen werden, da er zum einen dem gleichen Stand wie Don Juan angehört – vergleiche Don Giovanni und Don Ottavio – und außerdem ein Freund von ihm ist – vergleiche Don Octavio del Flores und Don Juan DeMarco.

---

13 Jacobs. S. 272.

Don Roderigo sieht Don Juan als seinen besten Freund an, doch Don Juan warnt ihn davor, dass er einem Freund der sich seiner zu sicher ist, nicht als Freund ertragen kann:

*„Don Juan.Mann und Weib – warum wollt ihr immer glauben, was euch gefällt, und im Grunde glaubt man ja bloß, man könne die Wahrheit ändern, indem man nicht darüber lacht. Roderigo, mein Freund seit je, ich lache über dich! Ich bin dein Freund; woher aber weißt du, daß es mich nicht einmal jucken könnte, unsere Freundschaft aufs Spiel zu setzen? Ich ertrage keine Freunde, die meiner sicher sind. Woher denn weißt du, daß ich nicht von deiner Inez komme? "[14]*

Er stürzt seinen Freund in solches Unglück, dass sich Don Roderigo selbst das Leben nimmt. Er will Don Juan zu keinem Duell herausfordern, oder Donna Inez töten, da er mit dieser Schmach, auch wenn er seine Rache bekommen hat, nicht weiter leben will. Bis zu diesem Zeitpunkt aber, hätte Don Roderigo alles für Don Juan gemacht. Er hat ihn versteckt in der Nacht vor der Hochzeit, anstatt ihn an die anderen zu verraten. Andererseits ist Don Roderigo aber auch mit Leporello zu vergleichen. Er ist das schlechte Gewissen, er liefert Stichworte und ist zu einem großen Teil der Ansprechpartner von Don Juan. Ohne ihn würde Don Juan an vielen Stellen eher verlassen auf der Bühne stehen. Trotzdem ist er im Vergleich zu Leporello bei Mozart einer der wenigen Personen in diesem Stück, die „eine wichtige Gegenposition zu Don Juan" [15] einnimmt.[16]

Don Ottavio ist kein Freund von Don Giovanni, doch da sie einem Stand entstammen, sieht er sich verpflichtet, ihn zunächst einmal als Ehrenmann zu sehen und ist sich daher nicht sicher, ob er eher Donna Anna oder Don Giovanni glauben soll.

*„Don Ottavio. Wie könnte ich je glauben,*
*daß ein Adeliger*
*zu einem so dunklen Verbrechen imstande ist?*
*Ach, alles ist zu tun,*
*die Wahrheit zu entdecken; ich fühle in der Brust*
*die Pflicht als Mann und Freund,*
*die mir befiehlt:*
*entweder ihren Verdacht entkräften, oder sie rächen. "[17]*

---

14 Frisch. S. 49 – 50.
15 Vgl. Jacobs. S. 308.
16 Vgl. a.a.O.
17 Mozart. S. 61.

Er ist ein schwacher Gegenpart und steht eher im Schatten von der rachsüchtigen Donna Anna. Für ihn ist es unvorstellbar, dass ein Adeliger eine solche Tat begehen kann und nur weil Donna Anna ihm dies sagt, kann er es noch lange glauben. Erst als er sieht, wie Don Giovanni Zerlina auf dem Fest mit sich wegzieht, beginnt er zu glauben, dass Donna Anna die Wahrheit sagt. Trotzdem wird er nicht der Rächer sein: Der Komtur, die zu rächende Person selbst ist es. Don Ottavio als Rächer wäre für Don Giovanni nicht stark genug.

Don Octavio del Flores/Dr. Jack Mickler ist für Don Juan DeMarco der einzige passende Ansprechpartner. Allein die Tatsache, dass er sich auf die Situation auf dem Dach einlässt und Don Juan als diesen ernst nimmt schenkt ihm das Vertrauen. Durch ihn ist es auch nur möglich mehr von Don Juan zu erfahren. Er bekleidet gleichzeitig die Rolle des Freundes, des Gegenspielers aber auch des Lehrlings. Ihm vertraut Don Juan wichtige Details seines Lebens an, aber Dr Jack Mickler in der Funktion des Psychiaters versucht auch ihn dazu zu bewegen seine „Maske" herunter zu nehmen, er soll wieder „normal" erscheinen als John Arnold de Marco. Dazu muss er Medikamente nehmen. Don Juan aber möchte nicht in die Realität zurückkehren, auch wenn man als Betrachter nicht wirklich sagen kann, welche der Realitäten nun die wahre ist: die Realität des John Arnold de Marco, wie ihn seine Großmutter bezeichnet, die ihren Enkel nicht wirklich kennt, oder die von Don Juan DeMarco, wie er sie beschreibt zumal das Ende des Films einen Hinweis darauf liefert, das Teile der Erzählung von Don Juan gestimmt haben müssen. In der Rolle des Lehrlings lernt Dr. Mickler wieder, wie er mit seiner Frau besser umgehen kann und erneuert dadurch seine Liebe zu ihr und erfrischt ihre Beziehung.

## Fazit

Obwohl diese drei Werke unterschiedlichen Zeiten angehören, ist das Grundgerüst ein ähnliches, auch wenn Figuren anders benannt sind oder das Personal größer oder kleiner ist, finden sich immer wieder ähnlich Charaktere: Zum Teil sind sie in einer Person gemischt, wie in ‚Don Juan DeMarco', zum Teil werden sie auf mehrere Personen verteilt, wie in ‚Don Juan oder die Liebe zur Geometrie'.

Das grundlegende Konzept ist die Tatsache, dass alle drei Werke von Don Juan handeln, einem Frauenverführer. Alle drei Don Juans führen ein Leben in dem sie viele Frauen verführt haben, und alle drei müssen eine Höllenfahrt erleben, die natürlich sehr unterschiedlich ausfällt.

Die Frauenfiguren zeigen unterschiedliche Stärken und Schwächen und erlauben so Don Juan in verschiedener Weise zu agieren. Die Männerfiguren sind als Gegenspieler oder Stichwortgeber wichtige Teile der Gesamtkonzeptionen der Stücke und helfen so, den Charakter Don Juans besser verstehen zu können.

# Literaturverzeichnis

**Frisch, Max:** Don Juan oder die Liebe zur Geometrie. Komödie in fünf Akten. Frankfurt am Main 1963.

**Mozart, Wolfgang Amadeus:** Don Giovanni. Der bestrafte Verführer oder Don Giovanni. Komödie in zwei Akten. Libretto von Lorenzo da Ponte. Übersetzung aus dem Italienischen von Thomas Flasch. Stuttgart 1986.

**Blake White, Jean:** Don Juan DeMarco. Roman zum Film. Nach einem Drehbuch von Jeremy Leven. Übersetzung aus dem Englischen von Caspar Holz. München 1995.

**Feldvoß, Marli:** Don Juan DeMarco. In: epd Film 8/1995. S. 32-33.

**Göbler, Frank (Hrsg.):** Don Juan – Don Giovanni – Don Zuan. Europäische Deutung einer theatralen Figur. Tübingen, Basel 2004.

**Gnüg, Hiltrud:** Don Juan. Ein Mythos der Neuzeit. Bielefeld 1993.

**Jacobs, Hans J.:** Don Juan – heute: die „Don Juan – Figur" im Drama des zwanzigsten Jahrhunderts. Mythos und Konfiguration. With a summary in English. Avec un résumé en français. Mit 18 Abbildungen. Rheinbach-Merzbach 1989.

**Kreuzer, Helmut (Hrsg.):** Don Juan und Femme fatale. München 1994.

**Lindner, Sigrid Anemone:** Der Don Juan-Stoff in Literatur, Musik und Bildender Kunst. Eine Analyse ausgewählter Bearbeitungen unter besonderer Berücksichtigung medienspezifischer Gesichtspunkte. Bochum 1980.

**Schmitz, Walter (Hrsg.):** Frischs „Don Juan oder die Liebe zur Geometrie". Materialien. Frankfurt am Main 1985.

**Wertheimer, Jürgen:** Don Juan und Blaubart. Erotische Serientäter in der Literatur. München 1999.

**Wittmann, Brigitte (Hrsg.):** Don Juan. Darstellung und Deutung. Darmstadt 1976.

# Die Don Juan-Figur in der Tradition des Mythos

## Ein Vergleich der Werke des 17. bis 20. Jahrhunderts

Von Viktoria Heitz, 2008

# Einleitung

Im allgemeinen Sprachgebrauch verbindet man mit Don Juan trotz der Vielzahl unterschiedlicher Deutungen einen Mann mit ausgeprägtem Sexualtrieb, einen Frauenhelden, Schürzenjäger und Verführer, der sich auf mehrere Frauen einlässt und der Treue keineswegs viel Beachtung schenkt.

Er ist ein Bild, das zwar immer wieder erscheint, aber nie Gestalt und Konsistenz gewinnt, ein Individuum, das sich immerfort bildet, dennoch niemals fertig wird. Kierkegaard betitelt ihn als Betrüger. Seiner Meinung nach muss man als Verführer eine gewisse Reflexion und Bewusstheit mitbringen. Nur wenn diese vorhanden ist, mag es angebracht sein, von Schlauheit, Ränken und listigen Anläufen zu sprechen. An diesem Bewusstsein aber fehlt es Don Juan. Demnach verführt er nicht. Er begehrt, und diese Begierde wirkt verführend; insofern verführt er.[18] Sobald er die Befriedigung der Begierde genossen hat, sucht er einen neuen Gegenstand. Daher betrügt er zwar, jedoch plant er seinen Betrug nicht im Voraus; es ist vielmehr die eigene Macht der Sinnlichkeit, welche die Verführten betrügt. Zum Verführer fehlt ihm die Zeit davor, in der er seinen Plan fasst, und die Zeit danach, in der er sich seiner Handlung bewusst wird. Ein Verführer muss daher im Besitz einer Macht sein, die Don Juan nicht hat, so gut er im Übrigen ausgerüstet sein mag – die Macht des Wortes.[19]

Seit Tirso de Molina alias Mercedariar-Mönch Gabriel Tellez[20] 1613 den Ur-Don Juan ins Leben rief, haben sich viele Schriftsteller daran versucht den ursprünglichen Don Juan zu bearbeiten und zu variieren. Dieser Stoff wurde einer der meistbearbeiteten der Weltliteratur und brachte viele verschiedene Don Juan- Typen hervor.[21] Aufgrund der Vielzahl der Don Juan- Varianten, stellt sich die Frage, ob, und wenn ja inwiefern, eine Entwicklung bzw. Veränderung dieses Mythos stattgefunden hat. Für dieser Analyse sollen die traditionellen Don Juan- Werke Molinas und Molières aus dem 17. Jahrhundert, Mozarts Oper aus dem 18., des Weiteren Grabbes und Zorillas Werke aus dem 19. und Frischs Version aus dem 20. Jahrhundert bearbeitet werden. Am Ende soll geklärt werden, ob Frischs ‚moderner' Don Juan eine Dekonstruktion des Mythos darstellt oder nicht.

---

18 Vgl. Kiekegaard, S. 188
19 Vgl. ebd., S. 189
20 Vgl. Gnüg (1989), S. 11
21 Vgl. Frenzel, S. 2

Abbildungen im Anhang sollen die Figuren einiger Werke veranschaulichen und deren Charakter unterstreichen.

## Definition des Begriffs *Mythos*

„Mythen sind Geschichten von hochgradiger Beständigkeit ihres narrativen Kerns und ebenso ausgeprägter marginaler Variationsfähigkeit."[22] Es werden nun einige Definitionen zur Beschreibung des Begriffs Mythos aufgezählt. Mythen erwachsen fast immer aus der Erfahrung des Todes und der Angst vor Auslöschung. Weiter ist die Mythologie untrennbar mit Ritualen verbunden und sie befasst sich mit Extremen, die uns zwingen, über unsere Erfahrung hinauszugehen. Mythen handeln von Unbekanntem, von Dingen, für die man zu Beginn keine Worte hat. Außerdem ist ein Mythos keine Geschichte, die um ihrer selbst Willen erzählt wird, sondern er zeigt, wie man sich verhalten soll.[23] Mythen wurden geschaffen, um die jeweiligen Einstellungen zu unserer Umwelt, unseren Nachbarn und unseren Sitten zu erklären helfen. Heutzutage wird das Wort *Mythos* häufig dazu benutzt, um etwas auszudrücken, das nicht wahr ist. Ein Ereignis, das sich einmal zugetragen hat, aber trotzdem ständig geschieht, wird geschildert. Ein Mythos wird als eine Art Fiktion, ein Spiel beschrieben, das unsere fragmentarische, tragische Welt verwandelt und hilft, neue Möglichkeiten zu erkennen. Er ist also wahr, nicht weil er faktische Informationen liefert, sondern weil er wirkt. Er muss das Denken und die Gefühle der Menschen ändern und neue Hoffnung geben, nur dann *wirkt* er und besitzt Geltung. Des Weiteren existiert ein Mythos nur in einer orthodoxen Version; in dem Maße, in dem sich unsere Lebensumstände ändern, muss man die Geschichten anders erzählen, um ihre zeitlose Wahrheit zum Vorschein zu bringen.[24]

---

22 Blumenberg, S. 40
23 Vgl. Armstrong, S. 9
24 Vgl. Ebd., S. 12ff

# Die Problematik des Typs

*„Don Juan ist keine historische Figur, sondern ein literarischer Typ, der die dichterische Phantasie der Autoren bis in unsere Zeit immer wieder herausgefordert hat."*[25]

*„Ich bin, der ich bin!"* Diese Behauptung kommt in vielen Don Juan Bearbeitungen vor und stellt häufig auch die letzte Gemeinsamkeit in der Mannigfaltigkeit der verschiedenartigsten Versionen des Stoffes dar.[26] Der Charakter des Frauenhelden wird von jedem Autor anders dargestellt und das in hunderten von Bearbeitungen. Um das Verführertum dieses literarischen spanischen Typus zu definieren, werden im Folgenden die Kernaussagen einiger Autoren dargestellt. Für E.T.A. Hoffmann war Don Juan ein Idealsucher, den eine unbefriedigende Sehnsucht nach dem Ideal des Weiblichen quält und der sich so in den Taumel wechselnder Begierde stürzt. Camus sah in ihm einen Prototypen des absurden Menschen, der eine sinnliche Existenz lebt und zwar mit dem Bewusstsein seines flüchtig hinfälligen Wesens. Eine sexuelle Großmacht oder einen Parasiten, der seine Mitmenschen ausnützt, stellte er für Brecht dar. Kierkegaard definierte ihn als Inkarnation sinnlich erotischer Genialität.[27] In der zweiten Hälfte des 19. Jahrhunderts versuchten viele Autoren den ‚Mythos' des potenten verführerischen Don Juan zu zerstören, indem sie z.B. einen alternden Don Juan vorführten. Dieser Teil wird in der Arbeit an einer späteren Stelle erneut aufgegriffen werden. Schon hier sieht man, dass die Vorstellung eines Typs äußerst problematisch ist. Aufgrund der vielen unterschiedlichen Interpretationen, kann man nicht vom ‚Don Juan-Typ' sprechen, da es keinen gibt, der verallgemeinerbar ist. Der Höhepunkt der Deutungen wurde im 20. Jahrhundert erreicht, als sich die Psychoanalyse und die Psychologie mit der Figur zu beschäftigen begannen. So stellt Otto Rank bei Don Juan einen Ödipuskomplex dar; danach repräsentierten die vielen Frauen die unersetzliche Mutter und die betrogenen oder getöteten Konkurrenten bzw. Todfeinde den Vater. Bei F. Oliver Brachfeld ist er ein mit Minderwertigkeitskomplexen geprägter Mensch, der dies durch möglichst viele Eroberungen ausgleichen möchte. Gregorio Marañon spricht von einer weibischen Erscheinung, wirft ihm Wahllosigkeit vor und sieht in ihm den ewig pubertären Schwächling ohne männliche Willenskraft.[28] Das Problem bei all

---

25 Gnüg (1993), S. 7
26 Vgl. Jacobs (1989), S. 13
27 Vgl. Gnüg (1993), S. 8
28 Vgl. Gnüg (1993), S. 9

29

diesen ‚modernen' Deutungen ist die Textgrundlage, da sie sich nicht an den alten Stücken orientieren. Jene Deutungen stellen meist Fälle aud dem Leben dar, die mit einem literarischen Typus in Verbindung gebracht werden. Man muss jedoch beachten, dass diese psychologischen Deutungen nicht richtunggebend für die Definition des literarischen Don Juan-Typs sein können.[29]

## Die Don Juan-Figur im Wandel

### Tirso de Molinas El burlador de Sevilla y convidado de piedra

Tirso de Molina schrieb 1613 mit *El burlador de Sevilla y convidado de piedra* die Urfassung des Don Juan und brachte damit die Vorlage aller nachfolgenden Varianten dieses Typs in das Theater. Alle bedeutenden Figuren und deren Konstellationen sowie die ‚für den Stoff relevanten Motive' sind hierin geschaffen.[30] Don Juan wird als Verführer und Spötter betitelt, der durch seinen Charakter und seine Handlungen die Rache der Gesellschaft und des christlichen Gottes herausfordert.[31] Molinas *comedia* setzt auf die strengen moralischen Ansichten des Christentums, da nur eine Gesellschaft, die Sexualität taburisiert, den sinnlichen und erotischen Genuss als Vergehen gegen das göttliche Gebot betrachtet. Don Juan wird als Rebell dargestellt, der durch seinen Existenzentwurf selbst die Anschauungen und Normen der Gesellschaft infragestellt.[32] Schon der Titel enthält die funktionale Besonderheit der Figur: „*der ‚Burlador de Sevilla' in direkter Opposition zum ‚Convidado de piedra'*"[33]. Diese Kombination legt sich wie eine Klammer um die *comedia* und erklärt ihre einzelnen Aspekte.

Im 17. Jahrhundert wurden in Dramen häufig Ehrenkonflikte dargestellt. Es ist zu unterscheiden zwischen der Ehre der Frau und des Mannes. Die erstere ist vor der Ehe auf einen makellosen Ruf reduziert. Nur eine Heirat oder ein Verführer können diesen zerstören. Die letztere ist neben allen möglichen Gefahren auch der Gefahr ausgesetzt, die er selbst nicht beeinflussen kann: die Untreue seiner Frau.[34] Diese Thematik griff Molina in seinem Don Juan ebenfalls auf. Mit Vorliebe verführt er die Verlobten oder Bräute, so dass er ihre Ehre und auch die

---

29 Vgl. ebd , S, 9
30 Vgl. Gnüg (1974), S.26
31 Vgl. Gnüg (1993), S. 11
32 Vgl. ebd, S. 11
33 Jacobs (1989), S. 31
34 Vgl. Gnüg (1993), S. 16

des Verlobten oder des Bräutigams verletzt. Ihm geht es ausschließlich um den schnellen Sieg und den Reiz der Eroberns. Schon am Anfang, als er auf die Frage *„Quién eres?"*, *„Un hombre y una mujer"*[35] antwortet, lässt sich erkennen, dass die Frau für Don Juan durch Anonymität geprägt ist.

Gleich zu Beginn wird man mit dem Protagonisten konfrontiert und die wesentlichen Momente der Gestalt wie z.B. Lust an Abenteuer oder am erotischen Spiel werden deutlich. Sofort ist der Zuschauer mit der dynamischen Gegenwart des Frauenhelden konfrontiert.[36] Weder er noch sein Diener Catalinon geben Auskunft über beispielsweise den Ausgangspunkt der Handlung oder ihre Voraussetzungen, auch wird nicht über ihre eigene Haltung oder die der anderen ‚Mitspieler' gesprochen, d.h. es fehlt jede Exposition. Dieses Fehlen ist ungewohnt, da eine Exposition dazu dienen soll, die Positionen der Protagonisten kurz zu umschreiben, damit der Zuschauer mit ihnen bekannt wird. Der Beginn eines Dramas ist nunmehr ein gemächlicher, nicht etwa ein plötzlicher mit viel Aktion. Die Exposition dient des Weiteren dazu, die Vorgeschichte einer Handlung zu vermitteln, damit das Spiel in Gang kommt. Ihr Fehlen führt den Zuschauer mitten in die dramaturgische Struktur der Comedia und erfährt so von Anbeginn das Sprunghaft-Dynamische der Figur.[37]

In der ersten Szene ist es Nacht und Don Juan hat sich in der Maske des Herzogs bei der Herzogin eingeschlossen, um sie zu verführen. Doch die Frau ruft die Wachen und der erotische Zauber ist gebrochen. Die Handlungsprämissen, welche diese Szene bestimmen, werden ausgespart. Die Bedeutung der Szene bleibt noch verborgen. Man erfährt nicht, warum die Verführung stattfindet, was davor geschah; deshalb ist nur der gegenwärtige Augenblick relevant. Don Juan enthüllt und verbirgt sich zugleich. *„[...] diese erste Szene skizziert Don Juan theatralisch immanent als den namenlosen Verführer, für den die ano-nyme Atmosphäre der Nacht mit [...] verhüllenden Dunkel zur [...] Metapher wird."*[38] Die weiteren Szenen handeln von seiner Entdeckung im Palast und seiner Flucht aus Sevilla. Diese Szenenfolge deutet jedoch nicht die zuerst stattgefundene Szene, noch ist sie ein Verbindungsglied zu der nächsten Episode. Durch den Ortswechsel wird lediglich eine Möglichkeit für ein neues Abenteuer dargestellt. Zusammen mit der Verführungsszene bildet sie aber ein Geschehnismodell, welches zum szenischen Zeichensystem für den Don Juan-Typ wird. Erst im

---

35 Molina, S.5
36 Vgl. Gnüg (1989), S. 16
37 Vgl. Gnüg(1974), S. 29
38 Gnüg (1993), S. 18

Verlauf bzw. in der Wiederholung wird das Modellhafte des Komplexes klar; dieser Don Juan macht keine Entwicklung durch.[39] Um der drohenden Langeweile aufgrund der stupiden sinnlich-erotischen Verführung vorzubeugen, hat Molina eine *„Dramaturgie der variierenden Wiederholung"*[40] entworfen, die durch ihre Raffinesse immer wieder fesselt. Die Isabella Szene stand im Zeichen der ‚Haupt- und Staataktion', da sie sich im politischen Bereich abspielte, mit der Herzogin, dem Gesandten etc.

Don Juans zweite Affäre mit der Fischerin Tisbea ist im Stil der Pastorale inszeniert, der Fischer-Idylle, die das keusche Mädchen mit dem adeligen Verführer konfrontiert.[41] Im ersten Monolog stellt sie sich vor. Es stellt sich heraus, dass sie der Liebe Einhalt gebietet, indem sie allem Körperlichen mit Überzeugung entsagt. Diese malerische Szene steht im starken Kontrast zu den Aktionsszenen zuvor und verstärkt so das harmonische Bild, in das plötzlich Don Juan einbricht. Genau an der Stelle entzündet sich das Provozierende der donjuanesken Verführung. Er muss von seinem Diener aus dem Wasser gerettet werden, und als er in Tisbeas Armen liegt, wirbt er um sie. Im Gegensatz zu dem ersten Geschehnismodell, welches das Ende der Verführung zeigte, präsentiert dieses den Kreislauf von Begehren und Verführen in seinem Beginn.[42] Zu Beginn zweifelt sie zwar noch an seinen Worten, aber durch sein Begehren, seine erotische Ausstrahlung und seine Körpersprache kann sie ihre Gefühle nicht länger leugnen. Das Besondere ist, dass der Zuschauer und auch Tisbea das Begehren nicht an Don Juans Worten erkennen können, sondern an seiner erotischen Körpersprache. Molinas Don Juan verführt nicht durch Worte, sondern durch die unmittelbare Wirkung seiner erotischen Ausstrahlung, durch die Macht seines Begehrens.[43] Er verschmäht sich zwar nach der Fischerin, möchte aber nicht, dass sie seinen Namen erfährt. Darin enthüllt sich schon das Spiel Don Juans von Liebe und Trug. Auch das metaphysische Motiv des Stückes, das erst am Ende eingelöst wird, klingt in den Tisbea-Szenen zum ersten Mal deutlich an.[44] Nach seinem Erfolg bereitet er seine Flucht vor und möchte die Frau mit ihrem Leid alleine zurücklassen. Dieses Motiv gehört genauso zu Don Juan wie die Nacht und die schnelle Eroberung. Die Lust an List und Betrug begleiten die Lust am Verführen. Im ersten Teil vermied es Molina seinen Protagonisten als Betrüger vorzustellen. Hier jedoch enthüllt sich

---

39 Vgl. ebd, S. 18
40 Gnüg (1989), S. 18
41 Vgl. ebd, S. 18
42 Vgl. Gnüg (1974), S. 36
43 Vgl. Gnüg (1993), S. 23
44 Vgl. Gnüg (1974), S. 39

seine skrupellose Bedingungslosigkeit, das mit seinem Begehren verbunden ist. Er erobert direkt, mit voller Begierde und möchte sofort zum Ziel gelangen. Seine Begierde entzündet in Tisbea eine Leidenschaft, die im Kontrast zu der idyllischen Welt steht, in der sie lebt. Er geht sogar so weit, dass er seiner Auserwählten das Eheversprechen gibt, da diese sich aus Angst um ihre Ehre nicht bedingungslos hingeben kann. So sieht Don Juan in der Ehe seine einzige Chance, sie endgültig zu erobern. Als Tisbea ihn auf den Tod und auf das göttliche Strafgericht hinweist, antwortet er erneut *„Que largo me lo fiais"*[45]. An dieser Stelle wird das ‚Tan largo-Motiv'[46] als Chiffre der Don Juan-Figur bewusst. Da dieses Motiv von Gott abhängt, kann man sagen, dass Don Juan durchaus gläubig ist, selbst wenn er sich nicht so verhält. Weiter klagt Tisbea über ihre verlorene Ehre und der Zuschauer stellt sich zugleich Don Juans Flucht vor. Diese wird im zweiten Geschehnismodell dramaturgisch ausgespart und nur durch Tisbeas Monolog dargestellt. Das Modell wird erfüllt: Verführung, Flucht und am Ende die Klage der Verlassenen – verlorene Ehre! Durch Molina werden nicht nur durch den Wechsel der verschiedenen Genres Abwechslung und Variation geschaffen, sondern es werden auch jeweils andere Aspekte desselben Geschehnismodells akzentuiert.[47] Im Ereigniswechsel haben sich die szenischen Grundgesten des ersten Komplexes wiederholt. Das Typische, Modellhafte der Situation um Don Juan erkennen lässt sich erkennen. Das Motiv der Verführung wird von Molina in seinen verschiedenen Variationen vorgeführt. Im ersten Teil erlebt man nur das Ende der Verführung, der zweite zeigt deren Beginn, aber auch das Vorgehen Don Juans. Der erste Teil zeigt die Flucht direkt, der zweite überlässt sie der Vorstellung der Zuschauer. Der Stand der Personen und das Milieu sind jeweils unterschiedlich. Ebenfalls anders gestaltet ist die Klage um die verlorene Ehre: einmal wird der gehörnte Liebhaber in den Mittelpunkt gestellt, beim zweiten Mal die genarrte Frau, Tisbea.

Der dritte Geschehniskomplex um Doña Anna steht im Zeichen des *„Capa-y-espada –Genres"*[48], der Mantel- und Degenkomödie. Die typischen Elemente dafür sind Verwechslung, Maskierung, Rollentausch und volkstümliche musikalische Einlagen. Hier zeigt sich Don Juan ganz als der *burlador de Sevilla*, der neben den Frauen auch mit den Männern sein Spiel treibt und diese betrügt.[49] Mit Doña Anna soll er ohne sein Wissen, aber durch den Willen des

45 Molina (1961), S. 30
46 Er antwortet auf Tisbeas Mahnungen mit „Que largo me lo fiais", das er auch in den folgenden Abenteuern immer wieder allen Mahnungen entgegensetzt.
47 Vgl. Gnüg (1989), S. 24f
48 Ebd., S. 25
49 Vgl. Gnüg (1993), S. 27

Königs verheiratet werden. Diese hat nun mehr eine heimliche Beziehung zu Don Juans Freund Marquis de la Mota. Natürlich will der Verführer auch diese Frau erobern und trifft sich mit ihr in den Kleidern de la Motas, was Anna jedoch sofort erkennt und Rache schwört. Im Gegensatz zu den ersten beiden Komplexen wird hier das betrügerische Spiel Don Juans, welches vor dem Genuss kommt, dramatisch dynamisch umgesetzt. Wie immer verkleidet er sich. Im ersten Komplex wurde nur die Entdeckung in Szene gesetzt, hier zeigt sich das ganze Vorgehen des Betrügers. Dass Verführung auch eine zerstörerische Seite hat, wird an dieser Stelle sehr gut deutlich; Verführung wird nur im Moment des Betrugs vorgeführt. Nach dem Wortwechsel Annas und Don Juan eilt ihr Vater Don Gonzales herbei, der den Betrüger erstechen soll. Stattdessen wird er selbst getötet, Don Juan kommt wie immer davon und Mota wird an seiner Stelle verhaftet.[50] Für Don Gonzales stellt der Kampf ein Bekennen der Ehre dar, für Don Juan ist es jedoch der immer wiederkehrende Schlusspunkt seiner Abenteuer. Auch hier ist erneut das typische szenische Modell zu erkennen: Abenteuer – Flucht.

Bei seinem vierten Geschehnismodell greift Molina auf das Genre der bäuerlichen Farce zurück.[51]

Don Juan verführt die Braut Aminta in der Hochzeitsnacht und hörnt so ihren Bräutigam Batricio. Während die Frau auf ihren Ehemann wartet, kommt Don Juan in ihr Zimmer. Er muss jedoch all seine Redekunst einsetzen, um Aminta für sich zu gewinnen und sie so Batricio verrät. Das Mittel der Verführung ist auch hier wieder der Eheschwur. Durch den Wechsel der Genres schafft Molina eine gesellschaftliche Heterogenität, die für die Don Juan- Figur von großer Bedeutung ist. Die Vielzahl und die Unterschiedlichkeit der Frauen auch hinsichtlich ihres Standes zeigen umso mehr, dass es allein das Substrat des Weiblichen ist, dem das absolute Begehren Don Juans gilt. Weiter fällt auf, dass er Lust am Wagnis hat, da er sich immer diejenigen Frauen auswählt, die schwer zu erobern sind, d.h. dass er gerade da zum Verführer wird, wo sein Begehren auch Frevel ist. Am Ende zeigt sich stets das Zerstörerische seiner Leidenschaft. Dort steht immer Aufruhr, Klage und der Tod.[52]

Auch der Mann bleibt – genauso wie die Frau – für Don Juan anonym. Er erscheint ihm nur als Objekt seines Spottes oder als lästiger Gegner – Freunde hat er keine. Des Weiteren kommt dem Duell nicht die Funktion zu, den

---

50 Vgl. Molina (1976), S. 44-46
51 Vgl. Gnüg (1989), S. 28
52 Vgl. Gnüg (1974), S. 58f

einzelnen Mann als Gegner zu betonen, sondern er soll nur als gestische Konstante zur Veranschaulichung von Don Juans Isolation dienen.[53] Am Schluss der Comedia kommt es zur Vernichtung Don Juans durch den toten Don Gonzales. Jener zeigt keine Reue und so beginnt mit dem Handschlag zwischen ihm und der Statue das Ende von Molinas Don Juan. Ganz deutlich ist am Ende der Einsatz des Himmels zu sehen. Der Betrüger schaffte es immer wieder, der weltlichen Rache zu entgehen, doch wird sein Schicksal durch den toten Komtur besiegelt, der *„als Vertreter einer metaphysischen Macht auftritt"*[54]. Zuvor jedoch treffen er und sein Diener auf die Statue und Don Juan lädt sie zum Essen ein. Er gibt sich kühl, Catalinón ist ängstlich. Danach lädt der ‚steinerne Gast' den Betrüger bei sich ein und das Schicksal nimmt seinen Lauf. Im letzten Moment besinnt er sich auf die gesellschaftlichen Werte im Leben, doch seine Reue kommt zu spät und er wird durch den Komtur getötet. Am Ende erfüllt sich die durch das Spiel gesetzte Moral, dass der ‚burlador', der alle zum Narren hielt, am Ende selbst als betrogener Betrüger dargestellt wird. Es werden durch Molina alle Personen- und Handlungskonstellationen und alle wichtigen Motive aufgezeigt, die spätere Bearbeitungen variieren, vereinfachen oder anders interpretieren. Zum einen das Grundmotiv des sinnlichen Verführers, zum anderen das Grundmotiv, welches den steinernen Gast oder die himmlische Rache betrifft. Diese trifft den Betrüger schließlich unerwartet und ist der konsequente Schlusspunkt einer Konzeption. Als Kehrseite der erotischen Episoden erscheint das himmlische Strafgericht, und diese Motivkombination kennzeichnet den Don Juan-Stoff.

## Molières ‚Dom Juan ou le festin de Pierre'

In *Dom Juan ou le festin de Pierre* (1682) wird Don Juan als Libertin bezeichnet, d.h. als Freigeist, der als Angehöriger der französischen Oberschicht vom 16. bis zum 18. Jahrhundert teils areligiöse, teils atheistische Ansichten vertrat. Ein Libertin verstößt durch seinen zügellosen, ausschweifenden Lebenswandel gegen die traditionellen moralischen und sexuellen Normen der Kirche.[55] Diese Typisierung soll sich im weiteren Verlauf durch einige Beispiele zeigen.

Laut Gnüg ist nicht nachzuweisen, dass sich Molières Fassung auf die Molinas bezieht. Er soll sich vielmehr an dem Stoff von Dorimon, Villiers und auch an

---

53 Vgl. Jacobs, S. 34
54 Lindner (1980), S. 76
55 Vgl. Brockhaus, Bd. 13, S. 374

der italienischen Bearbeitung des Stoffes orientiert haben. Alle drei haben ihr Vorbild in einer früheren italienischen Fassung, im Stil der *commedia dell' arte*.[56] Einige Umformungen hat der Stoff von der spanischen *comedia* bis zur italienischen Komödie erfahren:

1) Don Octavio und de la Mota werden zu einer Person zusammengezogen. Die Handlung wird so konzentrierter, die Gestalt Don Octavios wird verstärkt und die Geschehnisreihen werden stärker aufeinander bezogen.

2) Die Ausarbeitung der Dienerrolle ist parodistisch, im Sinne des italienischen Improvisationsstils.

3) Die Figuren des bäuerlichen Genres werden gegen Typen der *commedia dell' arte* ausgetauscht.

4) Der metaphysische Ernst und die moralische Intention werden abgeschwächt, so dass der theatralisch wirksame komische Eklat hervorgehoben wird.[57]

Molière zielt hier auf satirische Funktionalisierung des komischen Effekts und auf einen engen Zusammenschluss von Dialog und komischer Situation. Es zeigt sich so die satirisch-kritische Gesellschaftskomödie.[58] Außerdem wird in diesem Stück die Don Juan- Figur weiterentwickelt, indem sie zum einen kein göttliches Wesen mehr akzeptiert, zum anderen kommt der Aspekt der Heuchelei hinzu, die ihm die Möglichkeit der freiesten Entfaltung seiner Wünsche gibt. Im Gegensatz zu Molina wird der Dom Juan hier mehr im Wort als in seiner Aktion angelegt.[59]

Schon zu Beginn erfahren die Zuschauer durch einen Dialog zwischen Saganarelle, dem Diener Dom Juans, und Gusman, dem Diener Elviras, die der Verführer kurz nach der Hochzeit verlassen hat, mit welch einem Charakter es die Frauen in diesem Stück zu tun haben. In dem Dialog wird, anders als bei Molina, die Vorgeschichte in das Stück hineingeholt. Man erfährt, dass Don Juan Donna Elvira aus dem Kloster entführt, sie heiratet und nun wieder verlassen hat. Zu Beginn wird nicht die Aktion, sondern Don Juan exponiert: Anders als bei Molina, bei dem sich jener selbst darstellt, wird er hier durch seinen Diener auf der Bühne in Szene gesetzt. Trotzdem erfährt man nicht viel über den Charakter Don Juans, vielmehr erzeugen Saganarelles Äußerungen eine gewisse Faszination und Neugier auf diesen größten aller Schurken. Der Struktur der *commedia dell' arte* entspricht es, dass die Dialoge zwischen Herr

---

56 Vgl. Gnüg (1974), S. 72
57 Vgl. Gnüg (1993), S 36f
58 Vgl. ebd., S. 38
59 Vgl. Jacobs, S. 37

und Diener einen größeren Raum einnehmen, dies gibt Don Juan auch die Möglichkeit brillanter Selbstdarstellung.[60] Schon im ersten Dialog der beiden wird deutlich, dass Don Juan seinem Diener besonders in der Rhetorik überlegen ist. Jener geht hier eindeutig als Sieger hervor. Seine Lebensmaxime ist Libertinage, er ist Freigeist und Genussmensch. Den erotischen Genuss zieht er jedoch nicht aus den intensiven Beziehungen, welche er nicht hat, sondern aus dem Wechsel von Leidenschaft und Widerstand. Das Verlangen wird ebenfalls stimuliert durch das Gefühl, Skrupel zu überwinden und das Feuer in der Frau erst zu entfachen. [61] Er braucht demnach eine Frau, die ihre Ehre nicht verlieren möchte, damit seine sexuelle Lust gesteigert wird. Anstelle des *„ tan largo me lo fiais"* rückt bei Moliere *„ dass zwei und zwei vier sind und vier und vier acht"*[62]; daran sieht man, dass er Atheist, Materialist und Rationalist ist. Laut Gnüg ist aus dem spanischen *burlador de Sevilla* der *moqueur* spezifisch französischer Prägung geworden. Seine *moquerie* ist das dynamische Prinzip, das Handlung initiiert, indem die Reaktionen der anderen Figuren dadurch ausgelöst werden. Wie der *burlador* ist auch der *moqueur* der eigentlich Aktive, dessen dynamische Kraft im schnellen Szenenwechsel und der harten szenischen Führung zu sehen ist.[63] Bei Molina enthüllte sich seine Verführungsexistenz erst im Laufe der einzelnen Geschehnismodelle. Bei Molière weiß man schon am Ende des ersten Akts, mit wem man es zu tun hat, obwohl Don Juan sich auf der Bühne noch nicht als Verführer präsentiert hat. Wie auch schon in der spanischen Version schreckt der Betrüger nicht vor einem Eheversprechen zurück, um eine Frau zu erobern. Hier kommt es jedoch tatsächlich zu einer Hochzeit, die ihm aber nichts bedeutet, weil man seiner Meinung nach nicht monogam leben kann. Er verlässt Elvire also und bei ihrer nächsten Begegnung spottet er über ihre Gefühle und unterläuft auch ihre Erwartung in Bezug auf seine Reaktion. Dass mit dem Erwartungshorizont der Dialogpartner gespielt wird, ist ebenfalls ein Grundzug des *moqueurs.*[64] Er überlässt seinem Diener die Erklärung über das Geschehene. Schlimmer macht es Don Juan, als er Elviras religiöse Empfindungen und Ausdrucksformen parodiert. Auch hier glückt im kein erotisches Abenteuer, dennoch wird er nicht als gescheiterter Verführer dargestellt. Bei Elvira schaffte er es immerhin, dass sie ihr religiöses Gelübde brach.

---

60 Vgl. Gnüg (1993), S. 39
61 Vgl. ebd., S. 42
62 Vgl. Gnüg (1989), S. 39
63 Vgl. Gnüg (1974), S. 86f
64 Vgl. Gnüg (1989), S. 41

Im zweiten Akt wird, wie schon bei Molina, das bäuerliche Genre bearbeitet. Er entflammt die beiden Bäuerinnen Mathurine und Charlotte für sich und verspricht beiden die Heirat. Charlotte ist jedoch skeptisch und Don Juan versucht sie zu überzeugen, indem er Mathurine verspottet und sie als heiratswütig darstellt. Solchen Redekünsten eines Adeligen kann das einfache Mädchen nicht widerstehen. Saganarelle entlarvt zwar seinen Herrn, aber Charlotte kann oder will das nicht sehen. Natürlich kommt Mathurine hinzu und ist entsetzt, dass er auch mit der anderen Frau über Liebe spricht. Nun stellt er Charlotte als diejenige hin, welche IHN heiraten möchte. Er versucht so, beide gegeneinander auszuspielen. Beide stellen ihn zur Rede, doch er kann sich – wie immer – geschickt retten. Am Ende denkt jedes der beiden Mädchen, dass es geheiratet wird. Anders als bei Molina nutzt der Diener sein Wissen über Don Juans Pläne und versucht die Bäuerinnen zu warnen, dennoch ohne Erfolg. Hier wird deutlich, dass Saganarelle Angst vor seinem Herrn hat, da er die Frauen nur in Abwesenheit des Verführers warnen möchte. Weiter möchte Pierrot, dessen Zukünftige Charlotte Don Juan erobert hat, gegen ihn kämpfen. Auch bei Molière verlieren die Männer und ihre Zukunft ist ungewiss. Es folgt nun eine lockere Szenenreihe, die einige Facetten Don Juans zeigt. Wichtig hier ist die Bettlerszene, da sie ein anderes Licht auf ihn wirft. Für den Bettler ist die Bitte um Almosen für Gotteslohn charakteristisch. Don Juan sagt zu ihm, er solle nach Gott fluchen, erst dann würde er Geld von ihm bekommen. Dies veranschaulicht die antimetaphysische Handlung der Figur; er sagt einem persönlichen Gott ab und zeigt Skepsis an der christlichen Gesellschaft. Am Ende gibt er ihm reichlich Almosen, was darauf hindeutet, das Molière ihn nicht als Libertin verdammen wollte.[65] Unmittelbar danach gerät Don Juan in einen ungleichen Streit, bei dem er dem Bedrängten hilft und danach erkennt, dass es der Bruder Elvires ist. Trotz allem möchten beide ein Duell, um die Ehre ihrer Schwester wiederherzustellen. Wieder einmal kann Don Juan sich mittels seiner Redekunst dem Duell entziehen, was ihm jedoch – angesichts seines kühnen Eingreifens – nicht als Feigheit ausgelegt werden kann, sondern nur auf die Kritik an den moralischen Normen des Ehrenstandpunkts verweist.[66] Es kommt völlig unerwartet zu der ersten Begegnung mit der Statue des getöteten Komturs. Dieses Geschehen wird von Saganarelle zuvor nur beiläufig erwähnt und nicht wie bei Molina auf der Bühne ausgeführt. Auch hier lädt Don Juan die Statue zum Essen ein und greift so den Glauben an ein Weiterleben nach dem Tode an,

---

65 Vgl. ebd., S. 44
66 Vgl. Gnüg (1993), S. 50

doch da gibt die Statue dem Diener ein Zeichen. Dieses Ende des dritten Akts bereitet die Konfrontation Don Juans mit dem Metaphysischen vor. Im Mittelpunkt des vierten Akts soll die zweite Begegnung mit dem Komtur stehen, als dieser ihn wiederum einlädt. Zuvor müssen jedoch frühere Szenen skizziert werden, um jene Schlüsselszene interpretieren zu können. In allen Szenen muss er seine Souveränität beweisen:

Monsieur Dimanche kommt als Gläubiger, um sein Geld zu reklamieren, sein Vater macht ihm Vorwürfe wegen seines Lebenswandels, und Donna Elvira, die sich durch ihren Glauben erleuchtet fühlt, will Don Juan vor dem Zorn des Himmels warnen. Durch die komischen Strukturen dieser Szenen zieht Don Juan die Zuschauer lachend auf seine Seite. Besonders die Elvira- Szene, die von Racineschem Pathos getragen wird, hat Molière geschickt eine burlesken Szene zwischen dem Verführer und seinem Diener angefügt. Mit diesem Wechsel wird die Wirkungslosigkeit aller Warnungen für die Lebensform des Protagonisten unmittelbar in die dramatische Szene umgesetzt. [67]

Bevor es zur dritten Begegnung mit dem Komtur kommt steigert sich die Don Juans Herausforderung an den Himmel und die Gesellschaft. Er zeigt sich als reuiger Sohn, begegnet aber Don Carlos als bekehrter Sünder, indem er Elvira nicht an sich binden kann, da diese ins Kloster zurückkehren möchte. Auch das Duell mit deren Bruder lehnt er ab, indem er auf den Himmel verweist. Wie auch bei Molina greift schließlich der Himmel ein, um dem Libertin ein Ende zu bereiten. Es erscheint ein Gespenst und Don Juan spricht von seiner Reuelosigkeit, seinem Mut. Dann taucht der Komtur auf, der wieder-um Don Juans Hand fordert und schwört Blitz und Donner für die himmlische Rache.

Saganarelle zeigt viele Gemeinsamkeiten mit Catalinón auf z.B. in Bezug auf den Lebenswandel seines Herrn. Unterschiede sind z.B., dass beide scheinbar nicht freiwillig dienen.

An dieser Stelle bietet es sich an, die beiden Stücke in ihrer Verbindung in Augenschein zu nehmen. Seit Tirso de Molina haben sich Don Juan und sein Umfeld durchaus geändert, da in den 42 Jahren bis zu Molières Werk der Stoff mindestens sechsmal bearbeitet wurde. Diesem Don Juan wirft man Gotteslästerung und Atheismus vor, obwohl nie deutlich gesagt wird, dass er ein solcher auch ist. Molière wollte ihn so darstellen, konnte dies aber wegen der Gefährlichkeit der Thematik nur auf Umwegen. Nur den Figuren der Statue und Saganarelle zeigt er sich ohne Maske, so kommt dem Schluss eine größere

---

67 Vgl. Gnüg (1989), S. 46f

Bedeutung zu. Warum sollte er kurz vor der Höllenfahrt nicht zugeben, dass er ein Atheist sei? Er will hier dabei wohl nur sein Gesicht wahren und da er keine Reue zeigt, bleibt er sich bis ans Ende treu.[68]

## Mozarts und Da Pontes *Don Giovanni*

Für die Untersuchung der Oper *Don Giovanni* (1787) ist vielmehr als Mozarts Musik Da Pontes Textbuch von Bedeutung. Da die Zuschauer verstehen wollten, was auf der Bühne geschieht, wurden im 17. Und 18. Jahrhundert die Textbücher immer bedeutender.[69] Außerdem sollen die Unterschiede und Gemeinsamkeiten von diesem Werk und den Werken Molières und Molinas herausgearbeitet werden. Abermals soll Don Giovannis *Sexualtrieb* abermals hervorgehoben und seine gesteigerte Form gezeigt werden.

Besonders die Figur des Dieners wird ein wenig anders als in den Werken zuvor dargestellt. Leporello ist im Vergleich zu den bisher dargestellten Diener-Figuren dem Verhalten seines Herrn überdrüssig, kann jedoch Don Giovanni die Meinung nicht sagen. Er möchte sich am liebsten seinem Diener- Dasein endledigen, da er sich bei jeder Frauengeschichte höchster Gefahr aussetzt. Trotz kleiner Ähnlichkeiten, besonders mit Saganarelle, in Bezug auf seines komischen Sprachduktus oder des Parodistischen, ist er doch eine eigenständige neue Opernfigur, welche die Parodie noch mehr auf sich bezieht. Er verstrickt sich mehr als Saganarelle in lustige Situationen und weniger in komische Gespräche.[70] Der entscheidende Unterschied zwischen Leporello und den vorigen Diener- Figuren ist, dass in seinen Gesprächen mit seinem Herrn das Thema ‚Gott' und ‚Himmel' in Form von Glaubensfragen nicht aufkommt. Er warnt Don Giovanni nicht vor der Bestrafung mittels des Himmels. [71]

Gleich am Anfang fällt auf, dass die Personen auf nur noch acht Stück gekürzt wurden, trotzdem werden immer wieder neue Konstellationen und Konfrontationen aufgezeigt. Das Stück beginnt mit einer Parallele zu Molinas Ur- Don Juan. Don Giovanni befindet sich bei Donna Anna, die er verführen möchte und dies auch versucht. Auch hier nimmt er dafür die Identität eines anderen an. Donna Anna vereinigt hier die Figur der ehemaligen Doña Anna und Doña Isabella. Sie und Don Ottavio stehen analog zu den Figuren der Pastorale in der *opera seria*. Sie treten dem Frevel gesellschaftlich ebenbürtig gegenüber. Mozart unterlegte diese Charaktere mit hochdramatischer,

---

68 Vgl. Sommer, S. 56
69 Vgl. Rauhut, S. 106
70 Vgl. Gnüg (1989), S. 59
71 Vgl. Sommer, S. 66

leidenschaftlich bewegter Musik.[72] Donna Anna ruft um Hilfe, woraufhin Don Giovanni und Leporello flüchten. Im Verlauf der Flucht kommt Annas Vater, der Komtur, bei einem Duell mit dem Betrüger ums Leben, weil er die Ehre seiner Tochter retten will. Es kommt nun zu einem scharfen Kontrast im Szenenverlauf, da Donna Anna eben noch mit Don Ottavio den Tod ihres Vaters beklagte und jetzt Don Giovanni gezeigt wird, der schon sein nächstes Abenteuer entdeckt hat, wie er Leporello wissen lässt.

Auch die Gestalt der Elvira erinnert gewissermaßen an die Elvira bei Molière. Auch jene hat er verführt und wieder verlassen. Auch sie begibt sich auf die Suche nach ihm und singt von ihrem Unglück. Doch dort, wo Molières Elvira zu ihrem christlichen Glauben zurückkehrt, verfällt diese Elvira Don Giovanni immer wieder. Während eines Gesprächs zwischen ihr und seinem Diener flüchtet er. Er macht sich also auf und verführt Zerlina, die eben noch ihren Masetto heiraten wollte. Auch hier erobert er sie am Tag ihrer Hochzeit. Der Reiz des Unerreichbaren erfasst ihn auch dieses Mal. Zerlina ist im Grunde eine Vereinigung von der Bäuerin Aminta und vertritt so das burleske Genre, aber sie verkörpert auch das Anmutige, Kokett-Spröde des jungen Mädchens, der Fischerin Tisbea und vertritt so ebenfalls die Pastorale, deren Hauptträger Zerlina, Masetto und Leporello sind. Mozart komponierte dafür eher heitere, leichte Musik.[73] Zerlina kann, wie Aminta bei Molina, nicht widerstehen, die Frau eines Dons zu werden und möchte Don Giovanni folgen, woran Elvira sie jedoch hindert. Zerlina möchte nun ihren Masetto wieder zurück, dann taucht der Verführer auf und lädt zum Ball. Dort zerrt er die Frau in ein Nebenzimmer und will sie vergewaltigen, was ihm aber durch ihre Hilferufe nicht gelingt. Zerlina ist die Einzige, bei der Don Giovannis Künste direkt vorgeführt werden, die wie er ihr Spiel treibt und durch die nicht irgendwelche eherne Prinzipien verkörpert werden. Sie macht keine tragische Ge-schichte daraus, weil sie die Natur auf ihrer Seite hat.[74]

Seine nächste Auserwählte ist Eviras Kammermädchen, sodass er sich wieder einmal verkleidet und vor ihrem Fenster ein Ständchen voller bekannter Schmeicheleien darbietet. Doch Don Masetto, der ihn töten will, kommt ihm dazwischen. Als Diener verkleidet schließt sich Don Giovanni der Truppe von Verfolgern an.

Don Giovanni ist zwar der nette Mann, der ein Schloss besitzt oder ein Fest veranstaltet, um dort die Braut zu verführen, doch wird er auch als jenseits der

---

72 Vgl. Gnüg (1993), S. 68
73 Vgl. Gnüg (1989), S. 60
74 Vgl. Jacobs, S. 44

Klassenordnung beschrieben. Auch Mozart ordnet ihn musikalisch nicht einer bestimmten sozialen Klasse zu. Don Giovanni spricht sowohl im Stil der höfischen *opera seria* als auch im volksliedhaften Ton. Obwohl er Aristokrat ist, wird durch ihn mehr der erotische Abenteurer, der keine moralischen Schranken gelten lässt, verkörpert.[75]

In dieser Fassung gibt es wie bei Molina, aber im Gegensatz zu Molière, erneut einen betrogenen Verlobten und Ehemann: Donna Anna verlässt ihren Verlobten Don Ottavio, Zerlina ihren Mann Masetto. Masetto weiß, dass er verloren hat und gibt dem Adeligen klein bei. Wie auch schon bei Molina und Molière wehrt sich das einfache Volk nicht. Erst als er und Zerlina sich Don Ottavio, Donna Anna und Donna Elvira anschließen, kann er gegen Don Giovanni vorgehen. Dagegen erklärt sich Don Ottavio sofort bereit den Tod des Komturs zu rächen und beginnt den Betrüger zu suchen. Nach ihrer ersten Begegnung hat dieser es jedoch geschafft, dass Don Ottavio Zweifel an den Annas Worten hegt. Sein Stand stellt Don Giovanni unter einen gewissen Schutz. Es kommt sogar so weit, dass Don Ottavio Anna die versuchte Vergewaltigung nicht glauben mag. Schließlich ist auch er selbst ein Don. Er verspricht trotzdem, dass er die Ehre des Adelstandes durch Rache aufrechterhalten möchte, falls Don Giovanni doch schuldig sei. Seine fünf Verfolger wollen mit Hilfe von Masken entlarven und bestrafen, aber durch Verkleidung kann er zweimal entkommen. Zum einen verkleidet er sich als Leporello, zum anderen schickt er die Verfolger zu dem wahren Diener, verkleidet als Don Giovanni. Auch als jener sich zu erkennen gibt, will Don Ottavio ihn töten. Am Ende gelingt ihm die Flucht. Daraufhin will sich Don Ottavio auf jeden Fall rächen und die Ehre aller wiederherstellen. Doch die Übermacht des Himmels kommt ihm zuvor. Wie in den Darstellungen zuvor, wird die Statue des Komturs zum Mahl geladen. Don Giovanni ist wie immer unbekümmert und lässt seinen Diener die Tür öffnen. Auch Leporello hat, wie Catalinón und Saganarelle, Angst vor dem Metaphysischen in der Gestalt des steinernen Gastes. Natürlich zeigt Don Giovanni auch in dieser Fassung keine Furcht und schlägt, um seine Ehre zu behaupten, in die Hand des Komturs. Sogar dabei zeigt er keinerlei Reue. Der Unterschied zu Molina und Molière besteht darin, dass die Höllenfahrt in der Oper direkt in Don Giovannis Haus stattfindet.

Es scheint, dass Don Giovanni nicht mehr der Verführer ist, der er einmal war. Bei einigen Frauen trägt seine Wirkung zwar noch Früchte, doch er muss für seine Ziele immer wieder Gewalt anwenden, was der Zuschauer entweder von

---

75 Vgl. ebd., S. 68

Dritten oder der Betroffenen selbst erfährt. Weiter ist es ihm egal, wie seine Eroberungen aussehen, wie alt sie sind oder woher sie stammen. Er fängt auch hier sehr leicht Feuer, das zeigt sich darin, dass er im einen Moment für die eine schwärmt, im nächsten Moment für eine andere. Auch in der Oper tritt die Sexualität Don Giovannis als beherrschendes Thema hervor. Sein und das Dasein des Dieners ist von Flucht geprägt. Auch dabei handelt es sich um eine Wandlung der Don Juan- Figur. Er wird vom Jäger der Frauen zum Gejagten der Rächer.[76]

Eine ständig vorhandene Grundidee ist die Gegenüberstellung zwischen Don Juan und dem Komtur.

Trotz eines nicht ganz unbedeutenden Wandels seit Molinas so genannten Ur-Don Juan, sieht man den Erfolg und in der Verbreitung von da Pontes und Mozarts Arbeit den Begriff und die Vorstellung eines Don Juans bzw. Don Giovannis oft in dieser Oper begründet.[77]

### Grabbes Don Juan und Faust

Mit Grabbes Fassung soll ein Beispiel des Don Juan Stoffes aus dem 19. Jahrhundert gezeigt werden. Vollendet wurde das Werk 1829, in dessen Inhalt er sich auf Da Pontes *Don Giovanni* und der ersten Teil von Goethes *Faust* bezieht.[78] Kierkegaards Meinung nach sind Faust und Don Juan die Titanen und Giganten des Mittelalters, die in der Großherzigkeit ihrer Bestrebungen sich nicht von den Titanen bzw. Giganten des Altertums unterscheiden. Der Unterschied dazu besteht jedoch darin, dass sie isoliert dastehen, keine Vereinigung von Kräften bilden, die durch ihre Vereinigung erst himmelstürmend werden; sondern die ganze Kraft ist in einem Individuum gesammelt.[79] Dabei stellt er dem *„Urbild des ‚modernen‘, alle Ordnungen entreißenden europäischen Menschen"*[80], dem Freidenker oder Aufständischen, dem Erotomanen, dem Nachgehenden, *„der die Genusssucht und Schrankenlosigkeit, der Himmel und Hölle herausfordert den hemmungslos forschenden Faust, der die geistigen statt der sinnlichen Grenzen in Frage stellt"*[81], gegenüber. Damit stellt Don Juan den Ausdruck des Dämonischen, welches als das Sinnliche bestimmt ist dar, Faust beinhaltet den Ausdruck des Dämonischen, das bestimmt ist als jenes Geistige, welches der christliche Geist

---

76 Vgl. Sommer, S. 71
77 Vgl. Rauhut, S. 113
78 Vgl. Sommer, S. 71
79 Vgl. Kierkegaard, S. 188
80 Goertz, S. 156
81 Ebd.

ausschließt. [82] Aus *Don Giovanni* wurden die Figur des Leporello, die Figurenkonstellation Gouverneur – Donna Anna – Don Octavio und Handlungselemente der Gastmahl- und Kirchhofszene entnommen. Bei *Faust* bediente er sich vor allem an den Szenen *Nacht* und *Studierzimmer*. [83]

Besonders auffallend ist, dass sich alle Frauenfiguren reduziert haben; bis auf eine einzige und zwar Donna Anna. Diese Tatsache steht dem donjuanesken Prinzip der Verführung entgegen. Nur die eine Frau allein wird als Fausts und Don Juans Bild des Glücks bezeichnet, welches beide an sie kettet. Obwohl man durch Leporello von Don Juans zahlreichen Eroberungen hört, ist davon im Drama nichts zu sehen. Auch in diesem Stück möchte er sie verführen und ihrem Bräutigam abspenstig machen. Im darauffolgenden Gespräch mit Leporello zeigt sich erneut der traditionelle Charakter des Don Juan. Leporello: *„Nun, das Mädchen ist eine Perle, gut genug, dem Kranz die anzureihn, den ihr schon tragt."* [84] Als Don Juan Donna Anna am Abend vor ihrer Hochzeit mit dem ordentlichen Don Octavio, trifft, ist ihre Leidenschaft geweckt, die ihr Glück an Don Octavios Seite für immer zerstört. So glaubt der Betrüger, ihre Tugend bald besiegen zu können. Es fällt auf, dass er sich bei Grabbe nicht hinter einer Maske versteckt, um zu verführen, sondern er verlässt sich allein auf die verführerische Kraft seines Wortes. Jedoch schmeichelt er ihr nicht, stattdessen gibt er eine Selbstdarstellung seines absoluten Gefühls und seines Begehrens, das jeden Widerstand brechen kann. [85] Donna Anna ist zwar entsetzt, aber trotzdem fühlt sie sich zu ihm hingezogen; man kann hier sicherlich von einer Hassliebe ihrerseits sprechen. Mit seiner darauffolgenden Rede wird bemerkbar, dass sich Don Juan in seiner Argumentationskunst als ein Verführer zeigt, der seine Mittel kennt und sie bewusst einsetzt. Trotz der leidenschaftlichen Sprache erkennt man seine Lust an der eigenen Verführungskunst. Es scheint, dass Don Juan geistreich geworden ist. Für ihn aufschlussreich sind seine Worte, die er für sich selbst spricht. Er verführt Dann Anna demnach nicht durch die Kraft seines Begehrens, sondern durch seine phantasievollen Reden. Um Don Juan und Faust zu verbinden, wird eine Intrige um Donna Anna gesponnen, die später beide begehren. Doch zu der Begegnung der beiden Rivalen kommt es erst, nachdem Faust nach dem Satan, der in Gestalt eines Ritters auftauchte, rief und aus seinem *„ungestillten Durst nach transzendenter Erkenntnis"* [86] einen Pakt

---

82 Vgl. Müller-Kampel, S. 188
83 Vgl. Gnüg (1993), S. 115
84 Grabbe, S. 5
85 Vgl. Gnüg (1989), S. 101f
86 Ebd., S. 104

schloss. Dabei lenkt der Satan Fausts Aufmerksamkeit auf Don Juan, indem er sagt, dass jener noch viel von diesem lernen könne. Der Satan spricht von Glück, jedoch führte die Lebensweise Don Juans in keiner Version zum Glück. Vielleicht aber ist genau das die Absicht des Ritters. Er will Faust mit der Anpreisung von Don Juans Leben ihn selbst ins Unglück und damit in den Tod stürzen. So kommt es nun auf dem Hochzeitsball Donna Annas, die sich trotz ihrer Liebe zu Don Juan ihrem Verlobten zur Treue verpflichtet hat um ihre Ehre aufrecht zu erhalten, zum ersten Treffen der drei. Don Juan tötet Don Octavio, wonach beide Rivalen Anspruch auf Donna Anna erheben. Faust entführt sie mit Hilfe des Satans auf ein Zauberschloss, woraus sie Don Juan zu befreien versucht. Auch die weitere Szene entspringt nicht dem Charakter der Figuren, sondern die Handlungsfäden werden erneut durch den Satan geknüpft, indem er Don Juan Fausts Ziel verrät. Zuvor jedoch tötet der ‚Zurückgelassene‘ Donna Annas Vater, der kurz vor seinem Tod Rache schwört. Es kommt nicht, wie in den bisherigen Don Juan- Varianten zu einer Bestrafung durch das Grabmal, also durch den Himmel. Es steht vielmehr die Zauberei und mit ihr der Teufel im Vordergrund. So wie sich Don Juans Verhalten gegenüber dem Himmel in den bisherigen Werken zeigte, so spiegelt es sich bei Grabbe gegenüber dem Übersinnlichen bzw. der Zauberei. Seinen Hohn beweist Don Juan auch mit der zum Standard gewordenen Einladung des Grabmals zum Essen, welcher er ohne Furcht entgegentritt. Auch hier wird er von dieser zur Reue und Besserung aufgefordert, was Don Juan jedoch ablehnt. Die Bildsäule hat bei Grabbe aber eine andere, neue Funktion. „[...] doch ich kann dich retten, wenn du bereuen willst [...][87] Don Juan würde so vor der Hölle gerettet werden, dennoch bleibt er sich bis zuletzt treu. Wie schon erwähnt, wird er nicht durch Gott bestraft, sondern kommt durch den Teufel in die Hölle; auch sein Diener wird verbannt.

Man sieht, dass die beiden Protagonisten in ständiger Konfrontation zueinander stehen z.B. ist Faust seines Strebens müde, das es ihn dem Ziel absoluter Erkenntnis nicht näher bringt; im Gegensatz dazu wird von Don Juan jeder Gedanke an ein Ziel verdrängt, da es als zur Ruhe kommendes Streben den Wechsel lustvollen Begehrens ausschließt. Don Juan verdrängt durch sein Streben nach Genuss die Unerträglichkeit des Daseins, sein Leben ist ausgestellt auf das Vergängliche wechselnder Sinnesfreuden. Dabei ist sein Leitmotiv die Flüchtigkeit der Lust, um der Langeweile zu entgehen. Faust dagegen, der ebenfalls aus der geordneten Enge ausbricht, sie verpönt, sucht nach der

---

87 Grabbe, S. 104

Substanz transzendenter Wahrheit, damit er die Vergänglichkeit alles Irdischen ertragen kann.[88] Grabbes Don Juan zeigt seine Begierde eher durch ausgereifte Sprachgebärden als durch dramatische Handlungen.

## José Zorillas *Don Juan Tenorio*

José Zorillas Drama wurde 1844 zum ersten Mal aufgeführt. Gleich zu Beginn muss erwähnt werden, dass dieses Stück eine christliche Lösung hat, die auf Reue und göttliche Gnade abzielt. Damit das Ende mit der Seelenruhe beeindruckender wird, muss Don Juan vorher als großer Sünder gezeigt werden. Als Konkurrenten stellt Zorilla seinem Don Juan Don Luis Majia zur Seite. Beide schließen eine Wette ab, die derjenige gewinnt, welcher mehr Frauen betrügt und mehr Männer tötet. Nach einem Jahr steht fest, dass Don Juan in beiden Kategorien als Sieger hervorgeht. Wahrscheinlich dient die Wette dazu, die Verruchtheit des Protagonisten zu zeigen, ohne ihn als Verführer auf der Bühne zeigen zu müssen.[89] Und tatsächlich fällt auf, dass Don Juan von seinen sexuellen Abenteuern nur berichtet. Er wirkt außerdem unglaubwürdig, wenn er selbst ein Register der Eroberten führt, da dieses Bestreben seiner Zukunftsgerichtetheit widerstrebt. Im Vergleich dazu spiegelt sich bei Mozarts Leporello, als er Elvira den Vortrag über all die Frauen Don Juans hält, die Faszination seines Herrn gegenüber. Weitere Widersprüche treten auf, da Don Juan häufig die Worte *heilig* und *rein* benutzt. So könnte er frühestens im letzten Akt sprechen, nicht aber als reueloser Genussmensch, dem solche Worte nichts bedeuten. Eine mögliche Deutung wäre, dass Zorilla ihn schon zu Beginn als frevelhaft darstellen will und durch christliche Worte jede verführerische Wirkung vermeiden möchte. In der zweiten Wette der beiden Rivalen möchte Don Juan eine Novizin und die Braut eines Freundes Verführen, so wie es auch in den vorigen Stücken passierte. So will er sich Doña Anna, der Frau Don Luiz', und Inez, der Tochter des Komturs, nähern. Die Hochzeit von Don Juan mit Inez wurde sogar vorab von den beiden Vätern geplant, doch als sie von der Wette hören, sind sie entsetzt und heben ihre Pläne auf. In Inez, von Don Gonzales nun zum Klosterleben bestimmt, findet sich die Novizin. Don Luiz versucht seine Braut zu schützen, doch es gelingt ihm nicht. Don Juan schafft es bis in ihr Zimmer und ab der Stelle ist es dem Zuschauer überlassen sich das weitere Geschehen auszumalen. Auf der Bühne wird dies, anders als bei Molina, nicht präsentiert. Auch die Inez Entführung aus dem Kloster gelingt und es

---

88 Vgl. Gnüg (1989), S. 106
89 Vgl. ebd., S. 108

passiert etwas mit Don Juan. Es scheint, als wäre er von ihr so verzaubert, dass er seine Wette vergisst; trotzdem deutet zuvor nichts auf solch ein Verhalten hin. Diese Bild der reinen Liebe wird nur aufgeführt, damit Don Juan am Ende durch die reine Liebe einer Frau gerettet werden kann. Der wahren Liebe zu Inez geht kein Bewusstsein der Wiederholung in der schnell genossenen sexuellen Lust voraus.[90] Ganz eindeutig werden die Liebesabenteuer durch die Bilanz der Wett-Szene ersetzt. Im Gegensatz zu Molières und Molinas Don Juan ist bei diesem hier nicht mehr viel von erotischer sexueller Reizbarkeit zu erkennen. Don Juan ist plötzlich gewandelt, hat die Liebe erfahren und entfaltet eine Rhetorik der Liebe, mit der Doña Inez' Herz gewinnt. Sie findet das zwar schön, doch trotz allem folgt kein Kuss, keine Umarmung und so ist die ideale Geliebte auch die ferne unberührte Geliebte. Eine weitere Ausnahme bemerkt man, als Don Juan bei Don Gonzales um Doña Inez' Hand anhält; dies ist keine Verführungsstrategie. Don Luis kommt ebenfalls dazu, da er Don Juans Verführung an seiner Braut erfahren hat und will Rache. Don Juan beteuert beiden seine Liebe zu Inez und verspricht Gehorsam, doch beide glauben ihm nicht. Jener ist daraufhin so verletzt, dass er Inez' Vater erschießt und Don Luis ersticht. Wieder flüchtet er und lässt Doña Inez zurück. Der Unterschied zu Molinas Doña Anna, die er ebenfalls zurück ließ, ist der, dass diese nur eine unter vielen war. Theoretisch würde einer Flucht mit seiner Geliebten nicht im Wege stehen, doch diese muss sterben, um ihn am Ende zu retten. Bei dem ersten Treffen mit dem Komtur schießt Don Juan auf diesen, damit dokumentiert er seine Ungläubigkeit, da der steinerne Gast zuvor zur Reue und Umkehr mahnte. Bei zweiten Treffen ist Don Juan schon tot und er beklagt seine ganzen Laster und Frevel. Als er seine Hand ausstreckt, öffnet sich plötzlich Doña Inez' Grab und sie fasst seine Hand. Sie hat, wie zu Beginn schon angedeutet, ihr Seelenheil eingesetzt, um ihn in den Himmel zu retten. Der Schluss entspricht der christlichen Glaubenslehre, d.h. auch der schlimmste Sünder kann im letzten Moment die göttliche Gnade empfangen. Auch das romantische Lösungsmotiv spielt hier sicherlich eine Rolle. Danach wird der schuldig gewordene Geliebte von der lieben reinen Frau vor der Hölle gerettet.[91]

Zorillas Stück thematisiert zwar den sinnlich-erotischen Verführer, spart jedoch alle Verführungsszenen aus. Schon zu Beginn spricht Don Juan mit christlichen Worten, welche dessen Position eines atheistischen Genussmenschen

---

90 Vgl. Gnüg (1993), S. 136
91 Vgl. ebd., S. 140

unglaubwürdig machen. Merkwürdig erscheint auch die neu erwachte Liebe zu Inez, da er sie bei seiner Flucht schon wieder vergessen hat.

## Ein Vergleich zwischen dem traditionellen und dem Don Juan von Max Frisch

Im nachfolgenden Kapitel werden die traditionellen Don Juan- Figuren von Molina, Molière und Da Ponte mit der von Max Frisch in *Don Juan und die Liebe zur Geometrie* verglichen. 1953 wurde dieses Stück uraufgeführt. Es ist ein Don Juan, der aus der Tradition herausbrechen soll. Anhand dieser Analyse wird sich das Ziel dieser Arbeit herausarbeiten lassen, ob Max Frischs Don Juan eine Dekonstruktion des Mythos darstellt. Zorillas Werk wird dabei bewusst außen vor gelassen, da Don Juan dort nicht als typischer Verführer dargestellt wird und auch die Höllenfahrt ausbleibt.

### Lebenseinstellung

In Hinsicht auf die Lebenseinstellung des traditionellen Don Juan soll besonders auf Molières Werk eingegangen werden, in dem der Begriff des Libertins genauer erklärt wurde. Es soll nun Don Juans Vorstellung von Liebesfreude herausgestellt werden. Ganz eindeutig liegt diese in der Abwechslung und im Genuss alle Hindernisse zu überwinden. Ist das geschafft, wird die Liebe schnell langweilig und man sollte sich eine neue Eroberung suchen. Molières Elvira z.B. musste er mit seinem ganzen Können erobern, dabei stand ihm nicht einmal das Kloster im Wege. Er verlässt sie für eine andere bzw. zwei andere und macht ebenfalls beiden einen Heiratsantrag. Es lässt sich also die richtige Schlussfolgerung ziehen, dass Molières Don Juan nicht nur vor Bindung, Verpflichtung und Verantwortung flieht, sondern sich auch bemüht, ihnen ganz aus dem Weg zu gehen.

Auch Don Juans Einstellung zu Gott und zum Glauben soll analysiert werden. Schon im ersten Auftritt erfährt man durch Saganarelle, was sein Herr von religiösen Geboten hält. Diesem ist egal, welche Herkunft oder welches Alter seine Eroberungen mit sich bringen. Auch benutzt er den Himmel als Ausrede für das Verlassen Elviras und als Grund, warum er sich Charlotte annehmen muss; der Zorn Gottes würde über beide kommen, wenn er sie nicht verließe. Der Himmel habe ihn außerdem geschickt, um Charlottes Hochzeit zu verhindern, da sie etwas Besseres verdiene als einen Bauern. Jedoch glaubt er nicht an Himmel und Hölle, daran sieht man, dass er Atheist ist.

Max Frischs Don Juan ist ein völlig anderer, obwohl er Züge des traditionellen Don Juan einige Male annimmt. Er wird als intellektueller junger Mann bezeichnet, der die nüchterne Klarheit der Geometrie liebt und sich nichts aus Frauen macht.[92] Dies erfährt man durch seinen Vater, welcher sich ebenfalls besorgt und verärgert über die Zukunft des Sohnes zeigt. Ein deutlicher Unterschied zeigt sich jedoch darin, dass die Väter des traditionellen Don Juan den Lebenswandel mit ständig wechselnden Frauen nicht akzeptierten, dieser hier versteht nicht, warum sein 20jähriger Sohn sich nichts aus Frauen mache und auch sonst nichts Unvorsichtiges tue. Don Juan denkt, dass man nur eine Frau lieben könne, was dem traditionellen Don Juan mehr als fern lag. Doch als er in der Nacht vor seiner Hochzeit erfährt, dass man eine Frau lieben kann ohne sie zu kennen, beschließt er Donna Anna nicht zu heiraten. Ihm erscheint das Zufällige, Anonyme eines Gefühls bedrohlich, während Tirsos Don Juan die anonyme Liebe zu seinem Lebenselement macht.[93] Für die Gesellschaft ist dies ein Treuebruch, wobei er die Ehre der Tochter verletzt. Er erscheint als ihr Verführer. Auf seiner Flucht macht er weitere Liebeserfahrungen und spannt ebenfalls seinem Freund Roderigo Donna Inez aus. Dies alles zeichnet den Don Juan schlechthin aus. Er kommt so zu dem Ergebnis, dass er jeder Frau dieselben Gefühle entgegenbringen könne wie Donna Anna und erklärt ausgeliebt zu haben. Auch in der Einmaligkeit der Liebe zeigen sich Züge des traditionellen Don Juans.

Im Gegensatz zu Molières Protagonisten hat dieser hier Respekt vor der Ehe, da er sie absagt, weil er nicht weiß, wen er liebt und dass er seiner Braut nicht treu sein kann. Für ihn ist die Geometrie das, was für Pater Diego Gott ist. Die Art, wie er den Himmel sieht erinnert wiederum stark an Molière, genauso zeigen beide keine Reue. Der Kirche gegenüber zeigt er ebenfalls keinen Respekt. Er spottet über sie, indem er ihr ein Geschäft vorschlägt. Jene solle ihm einen Platz im Kloster sichern und er gebe ihr dafür Geld. So könne er seine Höllenfahrt inszenieren. Er glaubt nämlich niemals zu heiraten. Über das ganze Szenario soll an späterer Stelle berichtet werden.

---

92 Vgl. ebd., S. 174
93 Vgl. Gnüg (1989), S. 145

## Verführungsstrategien

Schon die traditionellen Werke weisen einige Unterschiede hinsichtlich der Verführungsstrategien auf, welche bereits von Werk zu Werk aufgezeigt wurden. Um einen direkten Vergleich mit einem Don Juan des 20. Jahrhunderts zu ermöglichen, werden sie an dieser Stelle noch einmal zusammengefasst.

Bei Molina benutzt Don Juan konsequent die Verkleidung, um Isabella und Doña Anna zu verführen. Tisebea verführt er mit Worten und einem Eheversprechen. Auch Aminta verführt er mit Versprechungen und Beteuerungen und geht sogar so weit, dass er prahlt, ihn solle der Tod holen, falls sich seine Worte als Lüge herausstellen sollten.

Auch der Don Juan bei Molière verfolgt gewisse Strategien, um das Objekt seiner Begierde für sich zu gewinnen. Die Verkleidung als Strategie wird von Don Juan nicht als Mittel zur Verführung eingesetzt, sondern auf der Flucht vor Elviras Brüdern, welche die Ehre ihrer Schwester wieder herstellen möchten. Molières Protagonist verführt durch seine Redekunst wie z.B. durch Komplimente, Schmeicheleien, Schwüre und Heiratsanträge, aber auch durch sein Kostüm, seine adlige Herkunft, seinen Reichtum und seinen Ruf.[94]

Mozarts und Da Pontes Don Giovanni verfolgt wieder eher die Methode des sogenannten Ur- Don Juans: Verkleidung auf der einen, Schmeicheleien, Komplimente und Heiratsanträge auf der anderen Seite.

Max Frischs Don Juan hat eine ganz andere Verführungsstrategie; er verfolgt gar keine, zumindest nicht absichtlich. Sein Intellekt und auch, dass er nicht wie andere Männer ist könnte die Frauen anziehen. Der Reiz der Eroberung liegt bei Frisch also bei den Frauen. Don Juan versucht letztlich sogar, sich den Frauen zu entziehen, worauf bei der Höllenfahrt näher eingegangen wird. Trotzdem hat er leidenschaftliche Züge z.B. als er in der Nach vor seiner Hochzeit eine Fremde[95] trifft und deren Entführung plant. Auch bei seiner Flucht erlebt er diverse sexuelle Abenteuer[96]. In der Beziehung zu diesen Frauen zeigt Frischs Don Juan Parallelen zu der traditionellen Don Juan- Figur: Beide zieht es zu den verbotenen und verheirateten Frauen, die für sie tabu und unerreichbar sein sollen.

---

94 Vgl. Brecht, S. 133
95 Die Unbekannte stellt sich als Don Juans Braut Donna Anna heraus
96 u.a. mit Elviras Mutter und der Frau seines Freundes

**Sein Umfeld**

Ganz klar gehört sein Diener in das nähere Umfeld des traditionellen Don Juans. Catalinón und Saganarelle versuchen ihre Herren noch zu bekehren, indem sie ihn vor der Strafe des Himmels warnen, kommt dieses Thema bei Leporello nicht zur Sprache. Allen ist gemeinsam, dass sie mit dem Lebenswandel ihrer Herren nicht einverstanden sind. Sie versuchen die Frauen zu warnen, doch werden sie immer wieder von den Don Juan- Figuren dazu benutzt, unangenehmen Situationen aus dem Weg zu gehen. Auch dabei ist die Verkleidung ein bewährtes Mittel. Die Don Juan- Figur nutzt ihren Diener zwar aus, verstellt sich aber nicht vor ihm. Er heuchelt ihm nichts vor, verhält sich so wie er wirklich ist und sagt, was er denkt oder weiter vorhat.

Auch die Vater- Sohn- Beziehung soll betrachtet werden, wobei Molière als Beispiel dienen soll. Das Verhältnis zwischen Don Juan und Don Louis ist nicht sehr gut. Dieser wirft ihm seinen ehrlosen Lebenswandel vor, doch Don Juan weiß, wie er ihn wieder versöhnen kann. Er heuchelt Reue, um der Strafe zu entkommen. Mit seiner Scheinheiligkeit gewinnt er seinen Vater wieder für sich.

Don Juans Umfeld will ihn stets beschützen, trotz seiner Geringschätzung ihnen gegenüber. Er lässt nicht von seinem Weg abbringen und will von Reue nichts wissen.

Zu Frischs Don Juan ist zu sagen, dass auch er Menschen um sich hat, die sich sorgen. Sein Freund Don Roderigo z.B. hilft ihm vor seiner Hochzeit zu entkommen. Dieser ist sich sicher, dass sein Freund und seine Inez ihn nie hintergehen würden. Tatsächlich hatten beide ein Abenteuer. Jedoch erzählt Don Juan einer Gestalt von dem Abenteuer, Don Roderigo hört dies und nimmt sich das Leben. Don Juan wünscht sich darauf hin, er hätte geschwiegen. Er kann also bereuen, dass er darüber geredet hat, doch die Tat an sich bereut er nicht. So kann man auch diesem Protagonisten keine wirkliche Fähigkeit zur Reue zuschreiben.

Don Juans Vater macht sich Sorgen, weil er mit zwanzig Jahren mit noch keiner Frau zusammen war. Die beiden scheinen, anders als bei Molière, ein besseres Verhältnis zu haben. Man muss sich aber fragen, ob die Sorge des Vaters wirklich seinem Sohn oder nur dem Prestige gilt. Eine mögliche Antwort könnte sein, dass der Vater nicht versteht, dass sein Sohn sich lieber der Geometrie als den Frauen zuwendet. Deshalb geht er auch mit ihm ins Bordell; dort spielt Don Juan Karten. Es charakterisiert ihn als Vater, als Don Juan vor dem Altar flüchtet und jener ihm keinerlei Vorwürfe macht. Ihre Zuneigung füreinander zeigt sich auch darin, als der Komtur Don Juan suchen lässt und der Vater so verzweifelt ist, dass er stirbt. Sein Sohn ist erschüttert und fühlt sich mitschuldig. Aber auch Frischs Don Juan zeigt eindeutige Züge des traditionellen Don Juans, der keinesfalls Reue zeigt.

## Die Höllenfahrt

Von Molina über Molière bis hin zu Mozart und Da Ponte ist eine Steigerung der Darstellung des Weges zur Höllenfahrt selbst zu beobachten. Bei Molina bittet er im letzten Moment um eine Abnahme der Beichte, die ihm nicht gewährt wird. Bei Molière ist er plötzlich verschwunden. Dieser Don Juan fährt, anders als bei Molina, lebendig in die Hölle. Don Giovanni bei Mozart und Da Ponte wird in seinem eigenen Haus lebendig in die Hölle geschickt. Wichtig für die weitere Analyse ist, dass der traditionelle Don Juan tatsächlich vom Erdboden verschwindet und in die Hölle fährt.

Bei Max Frisch sieht dieses Szenario anders aus. Mit dreiunddreißig Jahren hat Don Juan genug davon, von den Frauen in eine Verführerrolle gesteckt zu werden und will vor ihnen fliehen, um sich der Geometrie zu widmen. Er will alle glauben lassen, als Frevel und Sünder bestraft worden zu sein und will mit Hilfe der Kirche seine Höllenfahrt inszenieren. Auch hier verleugnet er kurz davor den Himmel. Dazu werden dreizehn Frauen eingeladen, die behaupten von ihm verführt worden zu sein. Diese sollen alles miterleben und die Höllenfahrt im ganzen Land verbreiten. Ein Denkmal[97] erscheint, greift nach Don Juans Hand und verschwindet mit ihm in der Versenkung. Sein Plan ist geglückt. Er ahmt die legendäre Höllenfahrt nach, um später in seine wirkliche Hölle zu fahren. Die wahre Höllenfahrt findet im fünften Akt statt. Frisch entscheidet sich dabei für die Komödie.[98] Don Juan nimmt das Angebot Mirandas, der jetzigen Herzogin von Rhonda, an, sie zu heiraten und auf ihrem Schloss zu leben, wo er sich ganz der Geometrie widmen möchte. Doch auch hierfür hat sein Interesse nachgelassen und er erkennt, dass er diese Frau wirklich liebt. Doch das schlimmste für ihn wäre, wenn er Vater würde. Als sich dies erfüllt, ist es soweit: Don Juan fährt in die Hölle. Vielleicht fährt er aber auch ins wirkliche Leben – ohne Mythos, möglicherweise eine weitere Steigerung in punkto Höllenfahrtgestaltung.

---

97 Gespielt von der Kupplerin Celestina, die damit Don Juan und die Hure Miranda zusammenbringen will
98 Vgl. Gnüg (1993), S. 187

## Schlussbetrachtung

Es ist offensichtlich, dass die Don Juan- Figur im Laufe der Jahrhunderte in den Ausführungen der einzelnen Don Juan- Bearbeitungen einige Veränderungen erfuhr, wie z.B. die Brutalität, mit der Don Juan bzw. Don Giovanni vorgeht, die Vorgehensweise bei einer Eroberung oder die Darstellung der Höllenfahrt. Jedoch wurde bei vereinzelten wichtigen Aspekten auf den Ur- Don Juan von Molina zurückgegriffen. Der Tote, die Gruppe der Frauen und der Unbeständige wurden für eine traditionelle Don Juan- Figur festgelegt. Nicht nur bei Molina, sondern auch bei den anderen Werken kann man die Stuktur des Mythos' erkennen, welche jedoch durch die Faust- Figur angeschlagen ist. Das Motiv der Höllenfahrt kann durchaus als Übergang dienen: Der traditionelle Don Juan wird durch den Himmel bestraft, bei Grabbe mischt sich das Übersinnliche ein. Man kann durchaus sagen, dass es ich bei Frisch um eine Dekonstruktion des Don Juan Mythos' handelt, da er mit den traditionellen Strukturen insofern bricht, dass sein Protagonist die Frauen nicht verführt, sondern er die Geometrie liebt. Vielmehr wird er von den Frauen geliebt und verführt. Außerdem lässt Frisch den Toten am Ende außen vor. All dies muss jedoch nicht das Ende des Don Juan- Mythos bedeuten. Ganz im Gegenteil: Dieser Mythos ist durch Jeremy Levens Film ‚Don Juan de Marco' aus den neunziger Jahren bis ins später 20. Jahrhundert präsent.

Jede Don Juan- Figur möchte sein Können demonstrieren, indem er die Frauen, denen er begnet, vom Wege abbringt. Jeder Don Juan, dessen Begierde sich an einer Frau entzündet, der nicht das weibliche Individuum sucht, sondern die Frau, ist frauenfeindlich, da er ihre Individualität ignoriert und so jede Frau letztendlich brüskiert. Dieses Charakteristikum kann ohne Ausnahme jeder Figur zugeschrieben werden.Bei Frisch wiederum wird dies nicht offen dargelegt. Doch muss es wohl auch dort so sein, sonst ließe sich nicht erklären, wie er es geschafft habe die Frau seines Freundes und die Mutter Donna Annas zu verführen. Der Mythos Don Juan wird weiter bestehen – wenn auch nicht immer nach dem Muster Molinas oder Molières.

# LITERATURVERZEICHNIS

## Primärliteratur

GRABBE, Christian Dietrich (2001), „ *Don Juan und Faust "*, eine Tragödie in vier Akten, Stuttgart

MOLINA, Tirso de (1961), *„El burlador de Sevilla "*, N.Y., Doubleday

MOLINA, Tirso de (1976), „Don Juan-der Verführer von Sevilla und der steinerne Gast", übersetzt und mit einem Nachwort von Wolfgang Eitel, Stuttgart, Reclam

MOLIÈRE (1997), *„Don Juan oder der steinerne Gast "*, Komödie in fünf Aufzügen. Übersetzt und herausgegeben von Hartmut Stenzel, Stuttgart

## Sekundärliteratur

### Monographien

ARMSTRONG, Karen (2005), *„Eine kurze Geschichte des Mythos "*, Berlin, Berlin Verlag

BLUMENBERG, Hans (1996), *„Arbeit und Mythos "*, Frankfurt a.M., Suhrkamp

GNÜG, Hiltrud (1974), „Don Juans theatralische Existenz – Typ und Gattung", München, Fink

GNÜG, Hiltrud (1989), *„Don Juan – Eine Einführung "*, München, Artemis

GNÜG, Hiltrud (1993), *„Don Juan – Ein Mythos der Neuzeit "*, Bielefeld, Aisthesis

GOERTZ, Harald (1985), „Mozarts Dichter Lorenzo Da Ponte. Genie und Abenteuer", Wien

JACOBS, Hans J. (1989), *„Don Juan – heute "*, Rheinbach-Merzbach, CMZ

LINDNER, Sigrid Anemone (1980), „Der Don Juan-Stoff in Literatur, Musik und bildender Kunst. Eine *Analyse ausgewählter Bearbeitungen unter Berücksichtigung dienstspezifischer Gesichtspunkte "*, Bochum

RAUHUT, Franz (1990), „1003 Variationen des Don-Juan Stoffes von 1630 bis 1934", Konstanz, Wisslit

SOMMER, Daniela (2008), „Der Mythos Don Juan in Oper und Theater des 17. Bis 20. Jahrhunderts", Marburg, Tectum

*Artikel in Sammelbänden*

KIERKEGAARD, Søren (1843): „Sinnliche Genialität, als Verführung bestimmt", in: Müller-Kampel, Beatrix (Hrsg.), *Mythos Don Juan,* Leipzig, Reclam, 187-189

BRECHT, Bertolt (1976): „Zu ‚Don Juan' von Molière", in: Wittmann, Brigitte (Hrsg.), *Don Juan. Darstellung und Deutung,* Darmstadt, Wissenschaftl. Buchgesellschaft, 133-137

FRENZEL, Elisabeth (1976): „Don Juan", in: Wittmann, Brigitte (Hrsg.), *Don Juan. Darstellung und Deutung,* Darmstadt, Wissenschaftl. Buchgesellschaft, 2-8

### 7.2.3 Nachschlagewerke

Brockhaus Enzyklopädie (1996), 20. Überarbeitete und aktualisierte Auflage, Mannheim

# Anhang

## Darstellungen von Figuren aus verschiedenen Don Juan-Werken

Abb. 1: Don Juan (Tirso de Molina), Nicolas I. Bonnart (1690)

Abb. 2: Don Juan mit Mathurine und Charlotte, Alexander-Joseph Desenne (1824)

Abb. 3: Mozarts Don Giovanni, Charles Bétout (1904)

Abb.4: Don Giovanni und Zerlina, Louis Boulanger

Abb. 5: Der steinerne Gast, 1682

Abb. 6: Don Juan und Faust-Titelblatt, Album publicitaire (1923)
Abb. 7: Don Juan und Faust-Szene

## Abbildungsverzeichnis

Abb. 1: Aus: Bran-Ricci, Josiane (1991), „*Don Juan: Bibliothèque Nationale*", Paris, S. 36

Abb. 2: Aus: Bran-Ricci, Josiane (1991), „*Don Juan: Bibliothèque Nationale*", Paris, S. 248

Abb. 3: Aus: Bran-Ricci, Josiane (1991), „*Don Juan: Bibliothèque Nationale*", Paris, S. 242

Abb. 4: Aus: Bran-Ricci, Josiane (1991), „*Don Juan: Bibliothèque Nationale*", Paris, S. 208

Abb. 5: Aus: Bran-Ricci, Josiane (1991), „*Don Juan: Bibliothèque Nationale*", Paris, S. 84

Abb. 6: Aus: Bran-Ricci, Josiane (1991), „*Don Juan: Bibliothèque Nationale*", Paris, S. 327

Abb. 7: Aus: Bran-Ricci, Josiane (1991), „*Don Juan: Bibliothèque Nationale*", Paris, S. 327

# Horvath und der Mythos Don Juan untersucht an dem Theaterstück „Don Juan kommt aus dem Krieg"

Von Maik Lehmkuhl, 2005

# Einleitung

Gegenstand der folgenden Arbeit ist Ödön von Horvaths Theaterstück „Don Juan kommt aus dem Krieg". Horvath greift bei der Verfassung des Werkes auf ein in der europäischen Literatur seit dem 17. Jahrhundert gängiges Sujet zurück: Den Mythos Don Juan. Diese literarische Figur hat im Laufe von fast 400 Jahren Literaturgeschichte zahlreiche Autoren fasziniert und ist in mannigfaltigen Interpretationen auf unterschiedlichste Art und Weise gedeutet worden. Untersucht wird zunächst die Entstehungsgeschichte des Theaterstückes, sowie Horvaths schriftstellerische Selbstdefinition in Bezug auf das Werk. In einem folgenden Schritt wird die Schwierigkeit einer einheitlichen Deutung der Don Juan-Figur herausgestellt und eine Übersicht über die klassischen Motive gegeben, die das Don Juan-Sujet im Gros der Adaptionen auszeichnen. Der Vergleich mit Horvaths Stück „Don Juan kommt aus dem Krieg" wird zeigen, dass der Autor sich zwar einiger klassischer Motivkonstellationen bedient, im Großen und Ganzen aber eine Neugestaltung des Don Juan – Stoffes vornimmt. Eine vornehmliche Gewichtung legt Ödön von Horvath dabei auf die Umstände der Zeit, in der das Theaterstück spielt. Diese ist insbesondere durch das Ende des Ersten Weltkrieges und die daraufhin einsetzende Inflation bestimmt. Bereits im Vorwort zu „Don Juan kommt aus dem Krieg" definiert Horvath seine Vorstellung von Inflation, die sich nicht allein auf den monetären Sektor bezieht, sondern einer generellen Verschiebung aller Werte, seien es moralische, ethische oder soziale, gleichkommt. Den Auswirkungen dieses Werteumbruchs auf die Figuren des Stückes – abgesehen von Don Juan sind dies nur Frauen – in einer nach dem Krieg veränderten Gesellschaft wird im letzten Kapitel der Arbeit nachgegangen. Untersucht wird dabei der Grad der Anpassung der verschiedenen Frauen des Stückes an die neue Situation, sowie Don Juans Handlungen und Wirkungen ihnen gegenüber. Den Abschluss der Arbeit bildet eine Analyse des (Frei-) Todes von Don Juan, wobei sich zeigen wird, dass er schon zu Beginn des Stückes einem unentrinnbaren Determinismus verhaftet ist, der nur mit seinem Tod ein Ende finden kann.

# Ödön von Horvath und Don Juan

Ödön von Horvath beendet im Juli 1936 sein Stück „Don Juan kommt aus dem Krieg"[99]. Das Don Juan Sujet, seit Tirso de Molinas „comedia" „El Burlador de Sevillia y convidado de piedra" von 1613[100], spätestens seit der bekanntesten Umsetzung des literarischen Stoffes in Mozarts und Da Pontes Oper „Il dissoluto punito o sia Il Don Giovanni" aus dem Jahre 1787[101] ein in der europäischen Literatur häufig wiederkehrendes Motiv, beschäftigt Ödön von Horvath bereits Jahre vor der Fertigstellung. Im Juni 1934 schreibt ihm sein Freund Czokor:

*„Kommt bei Dir endlich das Don-Juan-Stück an die Reihe, von dem Du mir und Ibach erzähltest, als wir ihn im Spital besuchten?"*[102] Die langandauernde Beschäftigung mit dem Don-Juan Sujet rührt auch daher, dass von Horvath das Konzept seiner Don-Juan Bearbeitung zwischen erster Annäherung an das Thema und Fertigstellung des Theaterstücks mehrfach umwirft. So ist das Werk ursprünglich als Komödie konzipiert, dann als dramatische Ballade, als knappes Filmexpose und schließlich entscheidet sich Horvath für die Form des Romans, nicht ohne auch diese Entscheidung zugunsten eines Theaterstücks wieder aufzugeben.[103]

Die langandauernde Suche nach der passenden literarischen Form und der letztendliche Entscheid für ein Theaterstück haben dabei zwei Ursachen. Zum einen muss Ödön von Horvath zu Recht annehmen, dass ein von ihm verfasstes Theaterstück ein größeres Publikum erreicht, als Roman oder Ballade. In den dreißiger Jahren des vergangenen Jahrhunderts waren Volksstücke, die sich bekannter Themen annahmen, in Mode und Horvath, als Träger des Kleist-Preises von 1931, konnte auf eine erfolgreiche Bühnenpräsens seiner Werke eher hoffen, als auf eine große Leserschaft.[104] Zudem befindet sich Horvath im Jahre 1936 in einer finanziell prekären Lage[105], verursacht durch mehrfache

---

99 Traugott Krischke.Ödön von Horvath. Kind seiner Zeit. Originalausgabe, Wilhelm Heyne Verlag. München 1980. (fortan: Krischke). Seite 220
100 übersetzt nach: Beatrix Müller-Kampel (Hrsg.). Mythos Don Juan. Zur Entwicklung eines männlichen Konzepts. Erste Auflage, Reclam Verlag. Leipzig 1999. (fortan: Müller-Kampel). Seite 12: „Der Spötter von Sevillia und der steinerne Gast"
101 übersetzt nach: Müller-Kampel S. 14: „Der bestrafte Verführer oder Don Giovanni"
102 zitiert nach Krischke S. 220
103 Krischke S. 220
104 Axel Fritz. Ödön von Horvath als Kritiker seiner Zeit. Studien zum Werk in seinem Verhältnis zum politischen, sozialen und kulturellen Zeitgeschehen. Originalausgabe, Paul List Verlag KG. München 1973. (fortan: Fritz). Seite: 16f
105 Christian Schnitzler. Der politische Horvath. Untersuchung zu Leben und Werk. Marburger Germanistische Studien, Band 11. Peter Lang Verlag. Frankfurt am Main 1990. (fortan: Schnitzler). Seite: 173f

Emigration, Ächtung durch das nationalsozialistische Regime in Deutschland aber auch durch einen verschwenderischen Lebensstil, und findet im Max Pfeffer Verlag schnell einen zahlungswilligen Abnehmer.[106] Der wohl gewichtigere Grund für eine Verarbeitung des Don-Juan Sujets als Theaterstück liegt aber in Horvaths Selbstdefinition als Schriftsteller begründet. Horvath sieht sich als einen „treuen Chronisten" seiner Zeit, dessen Bestrebungen, „die Hauptprobleme der Menschheit in erster Linie von sozialen Gesichtspunkten aus zu sehen" und „die gesellschaftlichen Kräfte aufzuzeigen, aus denen politisches Verhalten entsteht", in der literarischen Form des Theaterstücks am günstigsten sich darstellen lassen.[107]

Diesem Prinzip, das die literarische Form des Theaterstückes vor anderen begünstigt, wird Horvath in den folgenden Jahren seines schriftstellerischen Schaffens mit Werken wie „Jugend ohne Gott" und „Ein Kind unserer Zeit" wieder untreu. Der Anspruch, als „treuer Chronist" einen Kritiker seiner Zeit darzustellen, bleibt indes bestehen. Wie ein roter Faden durchzieht diese Ambition nicht nur das Spätwerk Horvaths. Auch und gerade in „Don Juan kommt aus dem Krieg" übt Horvath Kritik an den zeitgenössischen, auf Gleichschaltung des Menschen im faschistischen Sinne hinstrebenden, Entwicklungen in Politik und Gesellschaft. Bereits der Titel deutet dies an: Don Juan, eine literaturhistorische Figur der ferneren Vergangenheit wird mit dem Ende des Ersten Weltkrieges in Verbindung gebracht, dessen soziale, politische und wirtschaftliche Konsequenzen Horvath und seinen Zeitgenossen allgegenwärtig sind. Im Vorwort zu „Don Juan kommt aus dem Krieg" schreibt Horvath: „Ich habe es mir also erlaubt, einen Don Juan unserer Zeit zu schildern, weil uns die eigene Zeit immer näher liegt."[108] Ursprünglich trägt Horvath sich mit dem Gedanken, sein Stück „Ein Don Juan unserer Zeit oder Die Sage von Don Juan in unserer Zeit" zu nennen, verwirft dies aber, da ihm das Wort „Krieg" plastischer erscheint, als die Formulierung „unsere Zeit".[109] Es bleibt aber derselbe Gedanke Urheber des Titels.

Horvath möchte sein Theaterstück als tragische Heimkehr eines nunmehr Heimatlosen verstanden wissen, dessen innerstes Wesen von den allgemeinen Katastrophen der Zeit derart in Mitleidenschaft gezogen ist, dass nur

---

106 Traugott Krischke. Horvath Chronik. Daten zu Leben und Werk. Erste Auflage, Suhrkamp Verlag. Frankfurt am Main 1988. (fortan: Chronik). Seite: 124
107 zitiert nach: Fritz S. 21
108 Ödön von Horvath. Don Juan kommt aus dem Krieg. Kommentierte Werkausgabe in Einzelbänden, Band 9. Hrsg: Traugott Krischke. Erste Auflage Suhrkamp Verlag. Frankfurt am Main 1987. (fortan: Don Juan). Seite: 11
109 Krischke S. 220

Selbstbetrug und die verzweifelte Suche nach einem nicht mehr bestehendem Ideal den begrenzten Zeitraum ausfüllen können, der beginnend mit dem Waffenstillstand sein Ende durch den sicheren Tod der Figur markiert sieht.[110] Eine nähere Interpretation dieser Vorstellung folgt in Kapitel III. An dieser Stelle ist jedoch die Einsicht entscheidend, dass Horvath nicht einfach einen Don Juan, sondern einen Don Juan seiner Zeit schildert, wobei der Schwerpunkt auf dem zeitgeschichtlichen Kontext, auf der für Horvath auch 1936 noch gegenwärtigen Inflation von sozialen, moralischen und emotionalen Werten liegt.[111]

Die von Horvath vorgenommene Darstellung zeitgeschichtlich relevanter Themen in „Don Juan kommt aus dem Krieg" hat einen biographischen Ursprung. Im Leben des Autors gibt es einschneidende Erlebnisse und Erfahrungen, die sein literarischen Schaffen bis zuletzt dominieren. So lassen sich in Horvaths Werken wiederkehrende Motive erkennen, die auch in „Don Juan kommt aus dem Krieg" behandelt werden. Der einzelne Mensch, der mit einer sich verändernden Gesellschaft um ihn herum nicht mehr zurecht kommt und so zu einem Gefühl der Heimatlosigkeit verdammt wird, ist ein solches Motiv, welches sich auch in Horvaths Romanen „Jugend ohne Gott", „Ein Kind unserer Zeit", der Posse „Hier und Hin" und anderen Werken findet.

Mit diesem Motiv eng verknüpft gibt es in Horvaths Arbeiten häufig auch einen Konflikt der Generationen, bei dem die junge Generation die Ideale und Werte der älteren strikt ablehnt und so deren Gefühl von Heimatlosigkeit verstärkt.[112] Auch die Auswirkungen der Inflation während der Weimarer Republik, die sich weit über den monetären Bereich in den sozialen erstreckt, wird von Horvath kritisch betrachtet und des öfteren thematisiert. Im Vorwort zu „Don Juan kommt aus dem Krieg" spricht Horvath von einer Verschiebung aller Werte, die jeden einzelnen betreffen und verändern.[113] Desgleichen erlebt Horvath die Geburtsstunde des Frauenwahlrechts in Deutschland 1918 und die damit verbundene Emanzipation der Frauen, die sich in öffentlichen Demonstrationen äußert. Diese sich verändernde soziale Position der Frauen in der Gesellschaft wird von Horvath auch, aber nicht ausschließlich, im Don-Juan-Theaterstück behandelt.

---

[110] siehe dazu: Don Juan S. 11, Vorwort
[111] siehe dazu: Don Juan S. 11, Vorwort
[112] siehe dazu die Romane: „Ein Kind unserer Zeit" und „Jugend ohne Gott", wo dieses Motiv am eindringlichsten geschildert wird.
[113] Don Juan S. 11, Vorwort

Alle diese Motive, die Horvaths literarisches Schaffen bestimmen oder zumindest stark beeinflussen, haben ihren Ursprung in seinem Erleben der „Urkatastrophe des 20. Jahrhunderts"[114]: Dem Ersten Weltkrieg. Ödön von Horvath ist bei Kriegsbeginn erst 13 Jahre alt und die Auswirkungen des Krieges betreffen ihn zeitlebens. Mit 28 Jahren schreibt er über sich selbst: „Manchmal ist es mir, als wäre alles aus meinem Gedächtnis ausradiert, was ich vor dem Krieg sah. Mein Leben beginnt mit der Kriegserklärung."[115] Einige Jahre später sagt er in einem Interview: „Wenn ich heute daran zurückdenke, so muss ich wohl sagen, dass ich heute das Gefühl habe, als könnte ich mich an die Zeit vor dem ersten Weltkrieg nicht mehr erinnern. Ich muss mich schon ziemlich anstrengen, damit mir etwas aus der Friedenszeit wieder einfällt – und ich glaube, so ähnlich wird es wohl allen meinen Altersgenossen gehen. Der Weltkrieg verdunkelte unsere Jugend und wir haben wohl kaum Kindheitserinnerungen."[116] Kriegsende und Zusammenbruch der beiden Kaiserreiche Deutschland und Österreich sowie die Nachwirkung des Weltkrieges im sozialen und politischem Geschehen sind die einschneidenden Vorgänge im Leben Horvaths, von denen er sich zeitlebens nicht lösen kann und die von ihm als Ursache für den gesellschaftlichen Umbruch angesehen werden, als dessen Wirkung sich der Nationalsozialismus etablieren kann.[117] Die Wichtigkeit dieser Erlebnisse für Horvaths Schaffen wird auch in „Don Juan kommt aus dem Krieg" deutlich, denn das Werk entsteht erst 1936, in der Zeit der zunehmenden Faschistisierung der Menschen, und beginnt in seiner Handlung dennoch mit Ende des Krieges.

Für Horvath leitet das Jahr 1933, die Machtergreifung Hitlers, eine Identitätskrise ein, die von einer traumatischen Enttäuschung an Mensch, Gesellschaft und Staat herrührt.[118] Während der Weimarer Republik kann Horvath noch als souveräner Chronist auftreten, nach der Machtergreifung Hitlers rutscht er mehr und mehr in die Rolle des hilflosen Zuschauers und Opfers seiner Zeit ab.[119] Seine Texte werden von den Nazis auf den Index gesetzt, deutsche Bühnen verweigern die Aufführung seiner Stücke und einige seiner Schriften fallen in München der von den Faschisten inszenierten, rituell-

---

114 Die Formulierung „Urkatastrophe des 20. Jahrhunderts" als Bezeichnung für den Ersten Weltkrieg leitet sich ab von der Formulierung „the great seminal catastrophe of this century" des amerikanischen Historiker und Diplomaten George F. Kennan.
115 Krischke S. 24
116 Krischke S. 24f
117 Fritz S. 34ff und S.40
118 Jürgen Schröder. Das Spätwerk Ödöns von Horvaths. In: Traugott Krischke (Hrsg.). Ödön von Horvath. Materialien. Erste Auflage, Suhrkamp Verlag. Frankfurt am Main 1981. fortan: (Schröder). Seite: 146f
119 Schröder S. 131

zelebrierten Bücherverbrennung zum Opfer.[120] Im Don-Juan-Theaterstück begegnet Horvath diesen Vorgängen mit dem Verweis auf den wahren Ursprung der Geschehnisse, den Ersten Weltkrieg. Von öffentlicher Kritik an aktuellen politischen Ereignissen, die sich auf die Etablierung der nationalsozialistischen Herrschaft beziehen, distanziert sich Horvath nach 1933 weitestgehend,[121] und greift als Konsequenz davon auf traditionelle literarische Stoffe zurück.[122] Später wird ihm diese Ansicht unangenehm und er plant eine Reihe von zeit- und politikkritischen Romanen mit dem Titel „Adieu, Europa"[123]. Sie bleiben Fragment, denn Horvath stirbt vor der Vollendung, nicht ohne jedoch zuvor alle von ihm verfassten Stücke zwischen 1932 und 1936, darunter auch „Don Juan kommt aus dem Krieg" aufs entschiedenste zu verwerfen. Horvath notiert ein Jahr nach Fertigstellung des Don-Juan-Stückes: „Diese Stücke[124] ziehe ich hiermit zurück, sie existieren nicht, es waren nur Versuche."[125]

So gestaltet sich die Einordnung von „Don Juan kommt aus dem Krieg" in das Gesamtwerk von Horvath und die Würdigung des Stückes damit schwierig. Zum einen, weil es während einer Identitätskrise Horvaths entsteht und nicht die schriftstellerischen Ideale berücksichtigt, die sich Horvath später selbst setzt, zum anderen, weil es nicht zu Horvaths Hauptwerken zählt und zu seiner Lebenszeit nur wenig Beachtung findet. „Don Juan kommt aus dem Krieg" wird erst 1952 in Wien uraufgeführt und erhält nur mäßige bis schlechte Kritiken. So schreibt das Wiener Sporttagblatt nach der Uraufführung: „Das hätte er [gemeint ist Don Juan] nicht tun sollen – aus dem Krieg kommen – denn mit der Aufführung dieser unsagbar flachen und oberflächlichen Geschichte, ist weder dem Autor noch dem Publikum Gutes getan worden."[126]

---

120 Krischke S. 166
121 nach Krischke S. 175. Ödön von Horvath in einem Brief vom 7.9.1933 an den Zeitschriftenverleger Doktor Landshoff: „Wie ich Ihnen bereits im März sagte, will ich prinzipiell an keiner Zeitschrift mehr mitarbeiten, die sich (und seis auch nur in Glossenform) mit Politik beschäftigt."
122 nach Schröder S. 133f. „Ein Dorf ohne Männer" spielt in der ungarischen Frührenaissance, „Sklavenball" und „Pompeji" zur Zeit des Vesuvausbruches 79 n. Chr und „Figaro lässt sich scheiden" zur Zeit der Französischen Revolution.
123 Krischke S. 247
124 nach Krischke S. 246. Diese Aussage Horvaths betrifft die Stücke „Kasimir und Karoline", „Liebe, Pflicht und Hoffnung", „Die Unbekannte aus der Seine", „Hin und Her", „Himmelwärts", „Figaro lässt sich scheiden", „Das jüngste Gericht" und eben auch „Don Juan komtm aus dem Krieg".
125 Krischke S. 246
126 Armin Arnold, Stephen Jaeger (Hrsg). Der gesunde Gelehrte. Literatur-, Sprach- und Rezeptionsanalysen. Festschrift zum 70. Geburtstag von Hans Bänziger, Schläpfer und Co Verlag. Herisau 1987. (fortan: Arnold). Seite 129

# Don Juan und der Mythos

## Zur Entwicklung und Deutung des Don Juan

Das Don Juan Sujet in der Literatur lässt sich auf die Komödie „El Burlador de Sevillia y convidado de piedra" (Der Spötter von Sevillia und der Steinerne Gast) des spanischen Mercedarier-Mönchs Gabriell Tellez, der unter dem Pseudonym Tirso de Molina schrieb,[127] zurückführen und ist um das Jahr 1613 in Madrid uraufgeführt wurde. Ob der geschilderte, erfolgreiche und skrupellose Verführer und Lebemann eine reine Erfindung des Autors ist oder ob sich das Stück auf eine tatsächliche historische Figur und reale Ereignisse bezieht, ist heutzutage nicht mehr festzustellen.[128] Fakt ist aber die enorme Wirkung, die das Stück oder vielmehr die Hauptfigur im Laufe der Jahrhunderte insbesondere in Europa erzielt. Zu Beginn des 21. Jahrhunderts, fast 400 Jahre nach der ersten Niederschrift, gibt es über 3000 Bearbeitungen, Interpretationen und Variationen des Don Juan Stoffes.[129]

Angesichts dieser gewaltigen Anzahl von Arbeiten zu Don Juan fällt es schwer, auch nur eine ungefähre Charakterisierung des „Don Juan"- Typus zu geben, sofern sie dem Gros der Arbeiten gerecht werden soll. Die Antwort auf die Frage, was einen „Don Juan" auszeichnet, ist nicht nur von den einzelnen Autoren, die sich des Stoffes bemächtigen, abhängig, sondern wechselt auch im Laufe der Jahrhunderte die Gewichtung. Erscheint Don Juan relativ zu Beginn seiner Entstehungsgeschichte als rücksichtsloser Frauenverführer, bisweilen sogar -schänder, der gottlos sein eigenes erotisches Vergnügen durch Lügen, Verrat und Mord zu sichern weiß und moralische oder religiöse Konventionen bewusst überschreitet bis er als gerechte Strafe für seine Taten zur Hölle fährt, wird er im 19. und 20. Jahrhundert in der Tendenz selbstkritischer und humaner und als Folge davon mehr gegen seine eigene Natur denn gegen Widersacher und Konkurrenten kämpfend dargestellt.[130] Doch auch die „modernen" Don Juans verschiedener Autoren des 19. und 20. Jahrhunderts lassen sich nur schwer auf ein gemeinsames Grundmuster reduzieren. E.T.A. Hoffmann beispielsweise sieht in Don Juan einen Idealsucher, den eine unbefriedigte, für ihn selbst undurchschaubare Sehnsucht treibt, das reale Idealbild einer Frau zu finden, wobei die Unmöglichkeit des Unterfangens ihn immer wieder in letztlich unbefriedigende Affären treibt. Brecht dagegen weicht von dieser Interpretation,

---

127 Hiltrud Gnüg. Don Juan. Eine Einführung. Artemis Verlag. München 1989. (fortan: Gnüg). Seite 11
128 Müller-Kampel S. 13
129 Müller-Kampel S. 11
130 Müller-Kampel S. 20f

die Don Juan als passives Objekt ihm unbekannter Kräfte darstellt, ab und zeichnet das Bild einer parasitären, sexuellen Großmacht, die im Vollbewusstsein seiner Möglichkeiten alle Klassenprivilegien ausnützt, um insbesondere sozial schwächer dastehende Frauen des eigenen Vergnügens wegen rücksichtslos auszubeuten. Ganz anders erscheint der „Don Juan"- Typus dann wieder bei Camus. Dort wird er als Prototyp des absurden Menschen dargestellt, der im Bewusstsein seiner endlichen und kurzen Lebensspanne eine rein sinnliche Existenz führt. Ähnlich, jedoch mit anderem philosophischem Rahmen, schreibt der dänische Denker Kierkegaard, Don Juan sei die Inkarnation sinnlich-erotischer Genialität, ein Mensch, der von Genus zu Genuss hastend im „ästhetischem Stadium"[131] seiner Existenz verhaftet bleibt.[132] Dies sind nur vier von unzähligen Deutungsversuchen, die sich autorenunabhängig der Figur Don Juan zu nähern suchen. Gemeinsam ist ihnen noch das Bild eines Verführers, der, willentlich oder als Opfer seiner Sehnsüchte, sich der Frauen bedient, um seine ihm selbst nicht immer klaren Ziele zu verwirklichen.

Komplizierter und ungreifbarer wird die Figur des Don Juan mit vielen Deutungen seit der zweiten Hälfte des 19. Jahrhunderts, die eine Demontage des Mythos um die Figur zu erreichen trachten. Wenn Henri Bataille etwa einen alternden Don Juan entwirft, der auf einige Goldstücke angewiesen ist, um seine sexuellen Wünsche zu erfüllen oder Bernhard Shaw den einstigen Verführer als Opfer weiblicher List zum ausgenutzten Verführten werden lässt, so verschwindet in diesen Deutungen auch die letzte Übereinstimmung mit dem klassischen Bild des Don Juan. Diese Demontage des Mythos eines aktiven und sexuell attraktiven, männlichen Verführer wird durch verschiedene psychoanalytische Diagnosen noch vorangetrieben. So dichtet Otto Rank, ein Mitarbeiter Sigmund Freuds, dem „Don Juan"- Typus allgemein einen schwerwiegenden Ödipuskomplex an und F. Brachfeld, ein Schüler des Psychologen Adlers, sieht alle „Don Juans" beherrscht von gewaltigen Minderwertigkeitskomplexen, deren Kompensation durch die Eroberung möglichst vieler Frauen erfolgt.[133] Diese psychologischen Interpretationen haben im Allgemeinen das Problem, dass sie einer Textgrundlage entbehren, bzw. diese nicht angeben. So bleibt man als Leser unwissend, ob sich die Deutung auf Mozarts Don Giovanni, de Molinas Spötter von Sevillia, Lenaus oder Horvaths

---

131 Der dänische Denker Kierkegaard erläutert seine Philosophie der Lebensstadien eines Menschen in seiner Schrift Entweder – Oder. Das „ästhetische Stadium" stellt dabei den Beginn der Entwicklung des Menschen dar und zeichnet sich durch eine triebhafte, sich stetig wiederholende Genussbefriedigung aus, ohne dass eine endgültige Befriedigung erreicht werden kann.
132 Gnüg S. 8
133 Gnüg S. 9

Don Juan oder einen der etlichen anderen Don Juans der Weltliteratur bezieht, wobei die Beachtung der Unterschiede durchaus entscheidend wäre. Mögen derartige psychologische Deutungen für einzelne literarische Werke durchaus anregend sein, so sind sie als richtungsweisende Definition des literarischen Don-Juan-Typus nicht zu gebrauchen.

Kurzum lässt sich sagen, dass die literarische Gestaltung des „Don Juan"- Sujets in vier Jahrhunderten so unterschiedliche Entwürfe der Figur gezeichnet hat – ganz abgesehen von den aus verschiedensten Blickwinkeln vorgenommenen Interpretationen durch die Literaturwissenschaft –, dass nur Laien von lediglich einem Don-Juan-Typus in verschiedenen Darstellungsvarianten sprechen können.[134]

Um Horvaths „Don Juan kommt aus dem Krieg" in das über Jahrhunderte gewachsene Geflecht aus unterschiedlichsten „Don Juan"-Darstellungen einbinden zu können, ist aber eine generelle Typisierung des Charakters Don Juan von Nöten, will man nicht davon ausgehen, dass Horvath nur durch den Namen der Hauptfigur eine Anknüpfung an das Sujet sucht. So bleibt es nicht aus, dass zahlreiche Don Juan Interpretationen aus dem folgenden, als typisch „donjuanesk" bezeichnetem Schema rausfallen. Es gilt, nicht in allen Bearbeitungen des Don-Juan-Sujets nach Übereinstimmungen und stets wiederkehrenden Motiven zu suchen – dies wäre, wie oben dargestellt, nicht nur ein mühsames, sondern ein geradezu unmögliches Unterfangen – sondern es sollen exemplarisch knapp, einige klassische Motive, die mit Don Juan verbunden werden und in zahlreichen Werken verschiedener Autoren Eingang finden, dargestellt und im Verhältnis zu Ödön von Horvaths Don Juan untersucht werden. Eine nähere Interpretation von Horvaths Don Juan, seinen Eigenschaften, Lebensumständen und Handlungsweisen unterbleibt an dieser Stelle, um die nötige Kürze zu wahren, und folgt in Kapitel „Zeitumstände und Figuren in ‚Don Juan kommt aus dem Krieg'".

### Don Juan als Lebemann und Sammler

In der fünften Szene des ersten Aktes in Mozarts und Da Pontes Oper „Don Giovanni" liest Don Giovannis Diener Leporello der Donna Elvira aus seinem „Verzeichnis der Schönen, die mein Herr geliebt hat"[135] vor: „In Italien sechshundertvierzig, in Deutschland zweihunderteinunddreißig, hundert in

---

134 Gnüg S. 8
135 zitiert nach: Jürgen Wertheimer. Don Juan und Blaubart. Erotische Serientäter in der Literatur. Originalausgabe, C.H. Beck Verlag. München 1999. Seite: 20

Frankreich, in der Türkei einundneunzig, jedoch in Spanien sind es schon tausendunddrei."[136] Wie auch in zahlreichen anderen Bearbeitungen des Sujets wird Don Juan als Lebemann charakterisiert, den eine fast fanatische Sammelleidenschaft von Frau zu Frau treibt. Allein die Tatsache, dass Don Giovanni genauestens Buch über seine amourösen Eroberungen führen lässt, zeigt schon in Verbindung mit der unrealistisch hohen Anzahl an Verführten, dass es ihm nicht um die Suche nach seinem Ideal von einer Frau geht, sondern um seinen persönlichen Spaß und die immerwährende Ergänzung seiner Liste. Diese Sammelleidenschaft findet sich bei Horvaths Don Juan nicht. Zwar eilt auch er von Frau zu Frau, doch ist seine Motivation eine andere. Horvaths Don Juan jagt einem nicht (mehr) existentem Ideal nach und verführt, bzw. wird verführt, meist auf Initiative der Frauen hin, wenn ihn eine Geste oder ein Ausdruck an seine verlorene Verlobte Anna erinnert. Auch ist Horvaths Don Juan beileibe kein Lebemann mehr. Die Erfahrung des Krieges, Krankheit und ein schwaches, schmerzendes Herz haben ihn zwar nicht seiner Anziehungskraft auf Frauen, aber doch seiner Vitalität und Lebenskraft beraubt. Jedoch zeichnet Horvath hierbei einen Wandel seines Don Juans, denn die Suche nach seiner einstigen Verlobten und die sich steigernde Todessehnsucht sind Konsequenzen des Kriegsendes und der von schwerer Inflation heimgesuchten Gesellschaft. Im ersten Akt, zweiter Aufzug erzählt die Hausmeisterin ihren weiblichen Nachbarn von Don Juan, wie er vor dem Krieg gewesen ist: „Das war mal eine stadtbekannte Persönlichkeit mit lauter erotischen Skandalaffären! Der hat seine Braut verlassen, knapp vor der Hochzeit und knapp vor dem Krieg, und hat sich mit tausend miserablen Frauenzimmern herumgetrieben in Saus und Braus, derweil war seine Braut eine reine Seele, ein direkter Engel."[137] Auch wenn Horvaths Don Juan nicht mehr den Lebemann und „Frauensammler" darstellt, so deutet sich doch an, dass er genau dies einmal gewesen ist und nur die Umstände der Zeit diese Charaktereigenschaften beseitigen konnten.

### Don Juan und das göttliche Strafgericht

Im „Ur"-Don Juan bei Tirso de Molina verbinden sich zwei wesentliche Motive, denen das Stück seinen Reiz verdankt und die beide im Gros der älteren Don Juan Bearbeitungen Eingang finden. Erst die Kombination dieser Motive schafft den eigentlichen „Don Juan"-Mythos. Dies ist zum einen die Darstellung des Lebemanns Don Juan, der jenseits jeglicher gesellschaftlicher und religiöser

---

136 zitiert nach: Müller-Kampel S. 39
137 Don Juan S. 19

Konventionen als extensiver Verführer auftritt und dabei auch vor Verbrechen, seien es kapitale wie Mord, seien es religiöse wie Gotteslästerungen, nicht zurückschreckt. Zum anderen ist es das Motiv der Ahndung der Verbrechen des Don Juan durch eine nicht weltliche Macht, also durch Gott. Auch Autoren, die mit dem Prinzip der himmlischen Rache nicht viel anzufangen wissen, müssen sich doch auf dieses Motiv einlassen und es umdeuten, wollen sie sich nicht zu weit vom „Don Juan"-Sujet entfernen.[138] Eine „Don Juan"- Darstellung, bei der sich die Figur mit Schuld, bewusst oder unbewusst, belädt und am Ende straffrei am Leben bleiben darf, stellt keine Neugestaltung des Stoffes dar. Beispielsweise lässt sich Schnitzlers „Anatol", der ebenso wie Don Juan eine ganze Reihe verführter Frauen aufweisen kann, nicht als „donjuanesker" Charakter deuten.[139] Es fehlt die Um- bzw. Neudeutung des metaphysischen Strafmotivs. Bei Tirso de Molina wird die Hauptfigur am Ende des Stückes für seine Schandtaten durch höllisches Feuer verbrannt und auch Mozarts Don Giovanni fährt im letzten Akt reuelos zur Hölle. Horvath dagegen verzichtet wie viele moderne Autoren auf ein göttliches Gericht und überlässt die Ausführung der Strafe keiner metaphysischen Gestalt wie dem steinernen Gast, sondern Don Juans eigener psychischer Disposition. Am Grab der einstigen Verlobten verharrt und erfriert Horvaths Don Juan, begeht somit eine Art von „passiven Selbstmord". Doch auch wenn Gott als überirdische Strafinstanz bei Horvath keine Beachtung findet, so markiert das gefundene Grab Annas für Don Juan deutlich das Ende seiner Reise und seines Lebens. Da er in der Gesellschaft nicht mehr zurechtkommt und ihm darüber hinaus die besondere Schwere seiner Schuld an Anna erst auf dem Friedhof bewusst wird, kann er kein Engagement mehr aufbringen, am Leben bleiben zu wollen. Insofern ist dieser „passive Selbstmord" keine freiwillige Entscheidung Don Juans, sondern der einzige begehbare Weg, der ihm Erlösung verspricht. Horvaths Don Juan sieht seine Sehnsucht, anders als etwa Nikolaus Lenaus Don Juan, mit dem er sich die Idealsuche und Lebensmüdigkeit teilt, im Tod erfüllt. Er kann den Tod als Heimkehr auffassen, womit das Ende seines Lebens nicht Strafe, sondern Erlösung bedeutet.[140]

---

138 Gnüg S. 9
139 Gnüg S. 10
140 Gnüg S. 86

## Don Juan und die Gesellschaft

In der Volksmeinung werden die Namen Don Juan, Don Giovanni oder die Umschreibung „Spötter von Sevillia" mit einigem Recht synonym verwendet, beziehen sie sich doch auf dasselbe Sujet. Jedoch findet sich unter Laien häufig auch ein anderer Name unter den „Don Juan"-Synonymen: Casanova. Diese historische Gestalt aus dem Rokoko des 18. Jahrhunderts schreibt in seinen Memoiren von unzähligen amourösen Abenteuern und genießt bereits zu Lebzeiten den Ruf, eine Art erotische Legende zu sein. Mit der Vorstellung von einem Don Juan teilt er in erster Linie die Vielzahl seiner weiblichen Eroberungen und die zur Perfektion getriebene Technik des Verführens – dennoch ist Casanova kein Don Juan und ein literarisches Werk über seine Person entspringt auch nicht dem „Don Juan"-Sujet. Casanova ist ein Repräsentant des literarischen Rokoko, das die Liebe als ein pikantes und unterhaltsames Spiel der Geschlechter betrachtet. Dieses „Spiel der Geschlechter" besitzt zwar Regeln, etwa Verzicht auf Gewalt jeglicher Form beim Erreichen des Ziels der Begierde, ist aber nicht mit dem Stigma moralischer Verwerflichkeit behaftet. Casanova kann sich ohne Gefahr der Ächtung durch das Gros der Gesellschaft seinen Liebesabenteuern und –spielen hingeben und unterscheidet sich damit in einem wesentlichen Punkt von einem Don Juan. So bildet Casanova einen eigenständigen Typus einer erotischen auf Sinnlichkeit und sexuellen Genuss ausgelegten Lebensweise und stellt keine reale Verkörperung eines Don Juan da.[141]

Nicht nur in der Urfassung bei Tirso de Molina und der Bearbeitung des Stoffes bei Mozart, sondern auch bei zahlreichen modernen Autoren trifft sich das Motiv des Verführers Don Juan mit einer moralischen Konvention der Gesellschaft, die Don Juans Lebensweise tabuisiert und seine Handlungen mit einem Bann belegt. So gerät ein Don Juan bei der Ausübung seiner Verführungskünste und dem Streben nach wechselnden Sexualpartnern in einen Konflikt mit der Gesellschaft um ihn herum, die seine Taten ächtet. Diese Ächtung geht dabei nicht nur von den Geschädigten, z.b. den genarrten Männern oder verlassenen Frauen, aus, sondern wird auch von Unbeteiligten, selbst dem Gesetz, getragen. Ein Don Juan läuft den sittlichen Konventionen seiner Zeit zuwider und lässt sich nicht in die Gesellschaft einbinden, solange er seine Individualität bewahrt. Dieses Motiv findet sich auch bei Horvath, jedoch ist die dort dargestellte Gesellschaft tief in sich selbst gespalten und der alles

---

141 Gnüg S. 7

erfassende „Taumel der Inflation"[142] hat sittliche und moralische Vorstellungen der Vorkriegszeit korrumpiert und außer Kraft gesetzt. Die Darstellung der Hausmeisterin von Don Juan vor dem Krieg (I Akt, II Aufzug) deutet zwar seinen Konflikt mit der Vorkriegsgesellschaft an, in der Nachkriegszeit haben diese überholten Vorstellungen aber ihre Geltung verloren. Wenn die Filmschauspielerin im III Akt, III Aufzug über Don Juan sagt „ Auf der Welt ist kein Platz mehr für ihn."[143] meint sie genau das. Don Juan kann in einer Nachkriegsgesellschaft seine alte Contra-Position in Folge der gesellschaftlichen Veränderungen wie Inflation, Armut, Erstarken der weiblichen Emanzipation und generelle Schuldzuweisung der Frauen an die Männer nicht mehr einnehmen und verliert so seine individuellen Merkmale. Er passt als Don Juan nicht mehr in die Gesellschaft, weil er nicht mehr gegen ihre Moralvorstellungen Position beziehen kann. Auch wird er im letzten Akt des Stückes nicht gesucht, weil er als Verführer und Lügner die Frauenwelt unsicher macht, sondern weil ihm – zu Unrecht – das Verbrechen der Kindesmisshandlung zur Last gelegt wird. Horvath zeichnet das Bild einer Gesellschaft, in der diese mit ihren moralischen Prinzipien nicht weitestgehend geschlossen gegen Don Juan dasteht, sondern die Konfliktgräben unabhängig von Don Juan allgemein zwischen Frauen und Männern, Jungen und Alten, Marxisten und Kapitalisten verlaufen.

## Don Juan als Repräsentant der männlichen Sexualität

Am häufigsten in allen „Don Juan"-Darstellungen wird das Motiv des Don Juan als Repräsentant der männlichen Sexualität dem Sujet entliehen. Dabei strebt Don Juan nicht nach einer endgültigen Befriedigung seiner Sehnsüchte, sondern er ist sich, im Gegensatz zu den meisten Männern, durchaus darüber im Klaren, dass sich sein Trieb anderen Frauen zuwendet, sobald sich die Verführung der momentan Auserwählten erfolgreich vollzogen hat. Die meisten Interpretation sehen Don Juan dementsprechend als sexuell aktive, anziehende Kraft, die ihre erotische Ausstrahlung gerade der Tatsache verdankt, dass sie allein ihn beherrscht, ohne dass wahre Liebe oder der Wunsch nach gegenseitiger Treue diese Kraft beeinträchtigen oder gar überschatten werden. So ist diese Kraft, die in Don Juan ruht bzw. wütet, die Ursache all seiner amourösen Handlungen. Don Juan erschafft sie nicht bewusst und kann sich ihr nicht entziehen, selbst wenn er das wollte. Eben darauf beruhen viele moderne Darstellungen des

---

142 Titel des zweiten Aktes. Siehe: Don Juan S. 29
143 Don Juan S. 63

Sujets: Don Juan wird sich selbst zum Problem, da er die Gewalt seiner Sexualität nicht zu zügeln weiß. Je nach Autor verzweifelt Don Juan an dieser Tatsache schrittweise oder er reflektiert sie erst gar nicht und bildet sich sein, Herr seiner selbst zu sein.

Dies ist er jedoch in den seltensten Fällen, selbst wenn er sich mit seinem Wesen abfindet. Don Juans Sexualität ist nicht auf ein langfristiges Ziel gerichtet und nicht dauerhaft zu befriedigen. Es gleicht einem sich selbst reproduzierenden Bedürfnis, das sich von einer einzelnen Frau abwendet, sobald sie einmalige Befriedigung verschaffen konnte. Kurzum: Für Don Juan in der Mehrzahl seiner Darstellungen ist Sex eine Droge, deren Genuss nur das Bedürfnis nach mehr gebiert.

Besonders eindringlich wird einem Don Juan als Repräsentant der männlichen Sexualität immer dann vorgeführt, wenn er als Gegensatz zu einer rational handelnden, die Folgen der eigenen Taten durchdenkenden Figur konzipiert ist. Dies ist zum Beispiel in Christian Dietrich Grabbes „Don Juan und Faust. Eine Tragödie in vier Akten" anschaulich demonstriert. Der nach immer wiederkehrender sinnlich-erotischer Erfüllung strebende Don Juan wird dem rational denkenden Magier Faust, der aus Berechnung, nicht aus Verzweiflung, des Teufels Hilfe bereitwillig annimmt, gegenübergestellt. Don Juans ziellose, nicht auf ein bestimmtes Objekt fixierte Sexualität lässt ihn sagen: „Weg mit dem Ziel – / Nenn es mir nicht, ob ich auch darnach ringe – /Verwünscht ist der Gedanke: jedes Ziel / Ist Tod – Wohl dem, der ewig strebt, ja Heil / Heil ihm, der ewig hungern könnte!"[144] Als Repräsentant der männlichen Sexualität kann Don Juan kein letztliches Ziel verfolgen, da dieses gleichbedeutend mit einem Endpunkt seines Strebens wäre und die Natur seiner männlichen Sexualität dem entgegensteht. Das faustische Streben dagegen richtet sich auf ein final zu erreichendes Ziel, der „unvergänglichen Substanz"[145] transzendentaler Wahrheit. Dies drückt schon Goethes Faust in der berühmt gewordenen Formel: „[...]Dass ich erkenne, was die Welt im Innersten zusammenhält."[146] aus. Christian Dietrich Grabbes lässt seinen Faust in direkter Opposition zu Don Juans Ansicht sagen: „Ziel, ein Endziel muss / ich haben!".[147] Die männliche Sexualität, als deren Repräsentant Don Juan gilt, wird auch von Horvath thematisiert. Im Vorwort bezeichnet er Don Juan sogar als ihren stärksten Repräsentanten. Jedoch nimmt Horvaths Don Juan zu Unrecht an, seine Sexualität richte sich allein auf die

---

144 zitiert nach Gnüg S. 105
145 zitiert nach Gnüg S. 106
146 zitiert nach Goethes Faust I
147 zitiert nach Gnüg S. 105

verlorene Verlobte Anna und seine sexuellen Ausschweifungen mit anderen Frauen seien nichts weiter als der Versuch, Splitter seines Ideals stückweise in fremden Frauen wiederzufinden. Anna erscheint Don Juan zwar als Ziel, doch seine zügel- und ziellose Sexualität lässt ihn bereits zu Beginn des zweiten Aktes als Antwort auf die Frage, was passiere, wenn er keine Post von seiner einstigen Verlobten bekomme, feixend sagen: „Nichts. Dann bleibt alles beim alten."[148] So ist auch bei Horvath der Trieb des Eros weder durch die Umstände noch durch einen Wandel Don Juans gänzlich versiegt, allein Don Juans Trieb des Tanatos, der Todessehnsucht, mag ein Gegengewicht bilden. Don Juans nach Kriegsende aufgestellte Prinzipien und seine Suche der Geliebten halten seinen Sexualtrieb jedenfalls nicht im Zaum

**Quo vadis Don Juan?**

Es hat sich gezeigt, dass dem „Don Juan"-Sujet mehrere Motivkonstellationen zu Grunde liegen, deren Verwendung im Einzelnen den Autoren freisteht, wollen sie eine neue „Don Juan"-Adaption schaffen. Um dem Mythos verhaftet zu bleiben, muss dabei nicht jede im Laufe der Jahrhunderte dem „Don-Juan"-Sujet zugeschriebene Motivkomposition genutzt werden. Die Literaturgeschichte hat sogar gezeigt, dass auch die bewusste Demontage eines gängigen Motivs ein Werk nicht zwangsläufig vom Mythos entfernt. So kann ein Don Juan mittlerweile alternd, desillusioniert, des Lebens müde oder tief verzweifelt dargestellt werden, ohne das der Bezug zum Sujet unterbrochen wird. In anderen Fällen wird ein klassisches Motiv umgedeutet, um den Don Juan in der Moderne auftreten lassen zu können. Dies ist bei dem Motiv der Abstrafung des Don Juan durch eine religiöse, bzw. metaphysische Instanz der Fall. Im 20. Jahrhundert, dem Zeitalter der um sich greifenden Psychoanalyse, wird Don Juan häufig auf Freuds Couch gebettet, um das Motiv des himmlischen Strafgerichtes in seine Psyche selbst zu verlegen und als Sieg des moralischen ÜBER-ICHs über das triebhafte ES umzudeuten.

Die klassischen Motive des „Don Juan"-Mythos unterliegen dem Zeitgeist ebenso wie die äußere Umgebung, in der Don Juan in der Moderne sein Wirken entfaltet. Horvath zeigt uns, wie ein Don Juan seiner Zeit aussehen könnte, wenn er im Taumel der Inflation eine Gesellschaft vorfindet, deren moralische, sittliche und ethische Werte durch den Krieg und seine Folgen korrumpiert sind. Da der aktuelle Zeitgeist sowohl auf die klassischen Motive als auch auf die Lebensumstände des Don Juan Wirkung zeigt, ist auch im 21. Jahrhundert mit

---

148 Don Juan S. 29

weiteren Adaptionen des bewährten Stoffes zu rechnen. Jedoch wird sich dies vermutlich nicht in gewohnter Form vollziehen, da sich das Verhältnis des (westlich geprägten) Menschen zu seiner Sexualität grundlegend gewandelt hat. Mit der Liberalisierung der Sexualität und der hemmungslosen Enttabuisierung sexueller Themen trifft ein Don Juan *unserer* Zeit auf sexuell emanzipierte Frauen, eine riesige Bandbreite von Verhütungs- oder auch Hilfsmitteln und nicht zuletzt auf den weltweit wütenden HI-Virus. Allein das Prinzip der Verführung hat sich bisher bewahrt, wenn auch in anderer Manier als noch vor hundert Jahren. Interessant am „Don Juan"-Mythos ist durchaus die Tatsache, dass die Darstellung der Sexualität meist unterbleibt – sie spielt sich im Hintergrund ab und wird der Phantasie der Rezipienten überlassen. Selbst ein Kuss ist in „Don Juan"- Darstellungen eine Seltenheit. Auch ein Autor wie Balzac, wahrlich nicht für die Aussparung erotischer Szenen bekannt, lässt seinen Don Juan die wilden Jahre arm an erotischen Details im Zeitrafferstil durchleben. Einzig der Roman „Les exploits d'un jeune Don Juan" von Guillaume Apollinaires reiht in minutiöser Detailverliebtheit, um nicht zu sagen: in pornographischer Intention, Sexszene an Sexszene und entfernt sich dabei soweit vom „Don Juan"-Mythos, das er mit diesem nur den Namen der Hauptfigur gemeinsam hat. Zukünftige Don Juans werden wohl, ebenso wie Horvaths Figur, als ein Don Juan der Zeit(geschichte) konzipiert sein und sich im Taumel der Gegenwart zurechtfinden müssen. Es bleibt abzuwarten, ob im 21. Jahrhundert auch vermehrt Autorinnen den klassischen Stoff aufgreifen und von weiblicher Seite her bearbeiten. Bisher haben nur wenig Autorinnen, und keine von allgemein anerkanntem Rang, sich des „Don Juan"- Sujets bedient, um eine weibliche Version des sinnlich-erotischen Verführers zu Papier zu bringen.

## Zeitumstände und Figuren in „Don Juan kommt aus dem Krieg"

### Don Juan und seine Zeit

Im Vorwort zu „Don Juan kommt aus dem Krieg" spricht Horvath deutlich aus, was er mit seiner Adaption des „Don Juan"-Sujets zu erreichen gedenkt. Es ist nicht die literaturhistorische Figur des Verführers mit der damit verbundenen, klassischen Motivkonstellation an der Horvath in erster Linie gelegen ist, sondern die Darstellung des Don Juan in seinen Handlungen und Wirkungen während der Zeitspanne der großen Inflation von 1919-1923. Das Umfeld des Stückes wird so zur wichtigsten Grundlage für seinen Verlauf herausgestellt. Horvath beschreibt die Inflation als „[die] Zeit, in der sich, auch im banalsten

Sinne des Wortes, alle Werte verschoben haben. Es ist aber nur scheinbar eine vergangene Zeit, denn, von einer etwas höheren Warte aus gesehen, leben wir noch immer in der Inflation, und es ist nicht abzusehen, wann sie zu Ende gehen wird."[149] Der Begriff der Inflation wird damit über seine lexikalische Bedeutung hinaus gedehnt, so dass er als ein sämtliche Wertevorstellungen der Zeit beeinflussender Faktor dasteht. Diese Umgestaltung von Werten lässt sich im Stück in erster Linie an den Frauen, deren alte Rollen- und Verhaltensstrukturen keine Gültigkeit mehr haben, aufzeigen. Don Juan selbst bleibt im Vergleich zu den dargestellten Frauen vom „Taumel der Inflation" eher unberührt. Sein rein materielles Auskommen scheint gesichert zu sein, er bezeichnet sich selbst in diesem Zusammenhang als „einen Schieber, eine Hyäne der Inflation", der durch die Gewinne, die er mit seinem Gewerbe erwirtschaftet „zwar kein Schloss dafür kaufen [kann], aber immerhin lässt es sich leben, denn die Leute wollen ihr Geld loswerden, bevor es überhaupt nichts mehr wert ist."[150] Auf rein finanzieller Ebene greift die Inflation nicht maßgeblich in Don Juans Leben ein. Seine Veränderung rührt von den Erfahrungen des Krieges her, dessen Ende direkt den Anfang des Stückes einläutet. In der Regieanweisung ist als Zeitpunkt des Beginns des Stückes der Spätherbst 1918 genannt und die beiden Soubretten sprechen vom am selben Tag eintretenden Waffenstillstand,[151] womit die erste Szene des Theaterstückes am 3. November (Kapitulation Österreich / Ungarn) bzw. 9. November (Kapitulation Deutsches Reich) spielt.[152] Don Juan bildet sich ein, dass die Erfahrung des Krieges und seine schwere, noch nicht komplett verheilte Verwundung[153] ihn zu einem anderen Menschen gemacht hat und so begibt er sich auf die Suche nach seiner Verlobten, die er vor dem Krieg sitzen gelassen hat. Krampfhaft betont er dabei gegenüber den zahlreichen Frauen, denen er zu Beginn begegnet, seinen inneren Wandel:

*DON JUAN (langsam): Ich glaub, ich bin durch diesen Krieg ein Anderer geworden ---*
*WITWE (höhnisch): Bei deinen Talenten?*
*DON JUAN: Ich glaub, die hab ich verloren.*
*WITWE: Nein. Du bleibst wer du bist.*
*DON JUAN: Ich bin es müde.[154]*

---

149 Don Juan S. 11, Vorwort
150 Don Juan S. 37f
151 Don Juan S. 15f
152 Albrecht Sellen. Geschichte Kurz und Klar. Band 2. Zweite Auflage Auer Verlag. Donauwörth 1997. Seite: 70
153 Don Juan S. 26: Schwester: „Man weiß nur, er kommt aus dem Krieg, und der Medizinalrat meint, nach den Narben zu schließen, muß er mal schwer verwundet worden sein."
154 Don Juan S. 31

Doch wie Horvath im Vorwort schreibt, bleibt Don Juan letztlich, seiner Identität treu.[155] Sein angeblicher Wandel entpuppt sich im Verlauf des Stückes als ein nur scheinbarer. Zu Beginn des zweiten Aktes verkündet er, dass mit ihm alles beim Alten bleibe, sofern er keine Antwort auf seine Briefe erhält.[156] Kurz darauf schickt er seiner einstigen Verlobten ein Schriftstück, in dem er diese Position deutlich herausstellt: „Ich hab Dich gerufen, aber Du antwortest nicht. – gut, dann werde ich bleiben, wer ich bin."[157] Diese Rückkehr Don Juans zu seiner alten Lebensweise erfolgt indes nur teilweise. Zwar lässt er sich im Folgenden mit zahlreichen Frauen ein, jedoch nur, wenn diese ihn durch eine kleine Geste oder wenig Worte an seine damalige Verlobte erinnern, die immer noch das Ziel seiner Reise darstellt. Don Juans Motiv, seine einstige Verlobte zu finden, ist jedoch parallel zur rückläufigen Entwicklung seines Selbstverständnisses einem Wandel unterworfen. Zu Beginn des Stückes erkennt Don Juan seine alleinige Schuld gegenüber seiner Ex-Verlobten voll an – ganz untypisch für donjuaneske Charaktere und wohl ebenfalls eine Konsequenz der Kriegserfahrung, die Don Juan hat müde und nach eigenen Angaben auch treu werden lassen[158] – und lässt verlauten: „Mit Recht [hat sie mir nie geschrieben]. Denn ich war schuld, dass wir uns trennten – aber sie wartet auf mich."[159] Mit dem Ausbleiben einer Antwort auf Don Juans Briefe ändert sich auch seine Ansicht der Schuldfrage, wobei er zu diesem Zeitpunkt noch nicht weiß, dass seine einstige Verlobte seinetwegen Selbstmord begangen hat. Im Dialog mit der Großmutter erkennt er seine Schuld zwar an, aber nur im Verhältnis mit der seiner Ansicht nach gewichtigeren Schuld der früheren Verlobten:

DON JUAN (langsam): Ich kam hierher, um ihr zu sagen, dass man einen Menschen nicht so warten lassen darf, dass man ein Verantwortungsgefühl haben muss für einen, der sich bessern möchte --
GROSSMUTTER (unterbricht ihn): Sie sagen das, Sie?!
DON JUAN: Jawohl, ich war ein Schuft! Aber ich wollte wieder gutmachen –
GROSSMUTTER (fällt ihm gehässig ins Wort): Das können sie nicht!
DON JUAN: Das will ich jetzt auch nicht mehr! Alles wäre anders geworden, hätte sie geantwortet![160]

155 Don Juan S. 11, Vorwort
156 Don Juan S. 29
157 Don Juan S. 33
158 Don Juan S. 24: Don Juan: "Ich bin treu" - Zweite: „Seit wann?"- Don Juan: „Seit dem Krieg."
159 Don Juan S. 25
160 Don Juan S. 69

So erfüllt sich die Prognose Horvaths, die er im Vorwort zu seinem Don Juan gibt. Der Krieg und die Inflation können Don Juan nur scheinbar verändern. Letztlich bleibt er trotz der Umstände der Zeit, wer er ist.

## Die Frauen und ihre Zeit

Den Gegensatz zu Don Juan stellen in dem Theaterstück die Frauen da. Sie allein repräsentieren die Gesellschaft, was schon dadurch offensichtlich wird, dass Don Juan während des Stückes der einzige männliche Akteur bleibt. Auf die Frauen hat die Inflation der Nachkriegszeit massive Auswirkungen, die ihr altes Rollenverständnis obsolet werden lassen. Der Mangel an Lebensmitteln („Kein Brot, kein Salz, kein Fett – ist das der Friede?")[161] und der Abrutsch einiger vom Bürgertum ins Proletariat (etwa die Witwe des Professors)[162] gehen dabei einher mit einem neuen Selbstbewusstsein und Selbstverständnis ihrer sozialen Rolle in der Gesellschaft. Dieses zeigt sich in „Don Juan kommt aus dem Krieg" in unterschiedlichsten Ausprägungen, von den Frauen, die ohne einen Mann hilflos resigniert dastehen bis hin zu radikal überzeugten Feministinnen, die auch in der körperlichen Liebe nicht mehr der Männer bedürfen. Bereits im I. Aufzug, I. Akt zeigt sich die Differenz des Selbstverständnisses der Frauen nach dem Krieg mit den bürgerlichen Vorstellungen der sozialen Rolle der Frau in der Kaiserzeit in den Aussagen der beiden Soubretten:

> *Zweite: Mir tun nur die Weiber leid, die ohne Männer zurückbleiben.*
> *Erste: Wie du redest! Ist denn ein Mann kein Mensch?*
> *Zweite: Nein!*[163]

Dem Mann an sich wird hier das Menschliche abgesprochen, er fungiert nur noch als Hilfsobjekt der Frauen, um deren Lebensunterhalt sicherzustellen. Dementsprechend ist es der zweiten Soubrette auch egal, ob in den letzten Minuten des Krieges noch Männer ums Leben kommen. Ihre Besorgnis gilt allein den Frauen, die sich fortan ohne männliche Unterstützung um finanzielle Absicherung bemühen müssen. Die Heldenromantik der Kriegspropaganda, die den Opfertod für das Vaterland glorifiziert und den Mann somit bewunderns- und begehrenswert erscheinen lässt, ist mit der Kapitulation untergegangen. In diesem Sinne kann Don Juan wenig später auch keine Anerkennung ernten, als er sein Mitwirken bei dem großen Sieg bei Gorlice bekannt gibt. Die

---

161 Don Juan S. 17
162 Don Juan S. 35
163 Don Juan S. 16

Hausmeisterin antwortet ihm lediglich: „So? Na, hin ist hin!", ansonsten herrscht Stille.[164] Ein weiteres Aufbegehren gegen die Männerwelt zeigen die Frauen vor dem leeren Lebensmittelgeschäft mit dem Ausspruch: „Ich pfeif auf die Herren der Schöpfung!"[165] Jedoch hat sich ihr Selbstverständnis noch nicht komplett von den alten Rollenvorstellungen der Kaiserzeit gelöst, was durch das mangelnde Vertrauen zu weiblichen Dentisten ausgedrückt wird. Deutlich wird hier jedoch, das allein der Krieg als Ursache der Emanzipation angesehen werden muss, wie die Hausmeisterin ausdrückt: „Es hat sich halt alles geändert durch diesen Krieg. Die Herren Dentisten sind gefallen und die Weiber haben studiert."[166]

Die Zeitumstände haben das Bild der Frauen von den gegenwärtigen Männern verändert, nicht jedoch ohne dass ihnen ein Idealbild vorschwebt. So wünscht sich die zweite Tochter der Professorenwitwe sehnlichst einen „richtigen" Mann kennen zu lernen, ist dabei aber auf das Ideal ihres verstorbenen Vaters fixiert. Sie verfällt Don Juan somit nur, da sie dieses Ideal auf ihn projiziert und klagt ihn schließlich unaufrichtig der (Kindes-)Verführung an, als ihr bewusst wird, dass Don Juan nicht die Rolle auszufüllen gedenkt, die sie ihm zumisst.[167] Ein ähnliches Motiv findet sich auch bei der ersten Kunstgewerblerin, die nach außen vortäuscht, auf Männer nicht mehr angewiesen zu sein. Auch sie sehnt sich innerlich nach einem „richtigen" Mann und ist sofort bereit, ihre lesbische Lebenshaltung aufzugeben, als ihr Don Juan begegnet. Ihre Überemanzipation, die sich in dem erzwungenen Verzicht auf alle „weibische" Mode und der Annahme des männlichen Vornamens Peter ausdrückt, entspringt keiner inneren Haltung und ist nur fingiert. Im Gegensatz hierzu steht die zweite Kunstgewerblerin, die auch nahezu die einzige weibliche Hauptfigur in dem Theaterstück (mit Ausnahme der Großmutter) darstellt, die sich nicht von Don Juan angezogen fühlt. Bei ihr hat die Inflation eine tatsächliche, nachhaltige Umwandlung bewirkt. Sie hat sich nicht nur der gesellschaftlichen Situation angepasst, indem sie selbstständig ein Gewerbe leitet, sondern hat auch in der Liebe eine männliche Position eingenommen und kann somit auf Männer generell verzichten. Die Radikalität ihrer Ansicht bezahlt sie aber mit einer Selbstentfremdung, denn mit der Ablehnung allen „weibischen" und der Verwendung eines Männernamens verleugnet sie ihre eigene Weiblichkeit. Auch dies stellt Horvath als eine Folge der Inflation dar, die als Umwertung

---

164 Don Juan S. 19
165 Don Juan S. 17f
166 Don Juan S. 19
167 Don Juan S. 61f

aller Werte jeden Lebensbereich betrifft. Auf der anderen Seite der Skala der weiblichen Selbstdefinition steht die Professorenwitwe. Ihre mangelnde Anpassung an die Zeitumstände drücken sich in einer Überforderung mit der Verwaltung des knappen Geldes und der Erziehung der Töchter aus und gipfeln in dem Ausspruch: „Oh, Mann, Mann – schau vom Himmel herab."[168] Ihre Selbstdefinition steht trotz des Todes ihres Mannes noch immer mit diesem in Verbindung, weswegen ihre Tochter sie auch stets mit „Frau Professor" anredet.[169]

Auch die Frauen in der Wohnung des Inflationsgewinners definieren zum Teil ihren sozialen Status über die Position des Gatten:

> *Dritte: Ich stamm aus einem prima Haus und mein Freund hat Stacheldräht geliefert, capisco.*
> *Erste: Aber meine Damen! Ich bitte, es doch zu berücksichtigen, dass sie sich im Hause eines Syndikus befinden, der seit vierzehn Tagen die rechte Hand der Regierung - -*
> *Dritte (fällt ihr ins Wort): Wer hat ihn denn zur Regierung gebracht? Der Meine!*[170]

Zwar erkennen die vier Frauen, dass sie alle ein Verhältnis mit Don Juan haben und alle von diesem nur ausgenutzt werden, aber ihr Selbstverständnis reicht nicht, sich gemeinsam von ihm zu lösen. Anders als etwa Donna Anna, Donna Elvira und Don Ottavio in Mozarts und Da Pontes Oper „Don Giovanni" verzanken sich hier die vier Frauen ohne die Möglichkeit einer wahren Emanzipation zu erkennen und sich gegebenenfalls gegen Don Juan zusammenzutun.

Die insgesamt 35 Frauen, die in „Don Juan kommt aus dem Krieg" auftreten, werden von Horvath in nur wenige Grundtypen unterteilt. Es lassen sich bei der Betrachtung der unterschiedlichen Frauenrollen Abstufungen der Anpassung an die neue gesellschaftliche Situation erkennen. Diese Abstufungen reichen von der Großmutter, die sich jeder Anpassung strikt verweigert, über die Professorenwitwe, die noch keinen Weg gefunden hat, ohne einen Mann ihr Dasein erfolgreich zu fristen und die erste Kunstgewerblerin, die sich schon mit der Tatsache angefreundet hat, dass auch Frauen Männer zum Tanzen auffordern dürfen, bis hin zur zweiten Kunstgewerblerin, die ihre Anpassung an die veränderte Situation so konsequent betreibt, dass sie dabei ihre Weiblichkeit einbüßt. Alle diese Abstufungen der Anpassung sind eine Folge der

---

168 Don Juan S. 36
169 Don Juan S. 36f
170 Don Juan S. 44

gesellschaftlichen Rahmenbedingung der Inflation, durch die verschiedene Stadien des Werteverfalls und der Werteneuordnung vorgeführt werden.

## Tragik und Tod Don Juans

Horvaths Don Juan glaubt, die Erfahrung des Krieges hätte sein Wesen nachhaltig geändert, sodass er nun reuevoll die einst verlassene Geliebte aufzusuchen gedenkt, um sich – ganz bürgerlich – mit ihr zu verheiraten.[171] Wie Horvath auch im Vorwort ausdrückt, gilt Don Juans Suche dabei nicht eigentlich der Person der früher Geliebten, sondern einem Idealbild der vollkommenden Liebe von dem sich Don Juan Ruhe und Sättigung seiner Sehnsucht verspricht. Doch das Fräulein, in welches Don Juan seine Sehnsucht nach Vollkommenheit projiziert, hat sich während des Krieges aus Schmerz über die Trennung von Don Juan selbst gerichtet, und so kann der symbolische Endpunkt der Suche nach Vollkommenheit, die es auf Erden nicht zu finden gibt, nur im Tod liegen. Horvath spart in seinem Theaterstück nicht mit Hinweisen auf den nahen Tod des Protagonisten, ausgedrückt durch Ohnmacht und Fieberphantasien Don Juans und den mehrfachen Verweis, dass die frühere Verlobte nicht mehr lebt.[172] Die Figur des Don Juan scheint auch zu Lebzeiten dem drohenden Tod weit näher als dem aktiven Leben zu sein. Der stürmische Verführer der Vorkriegszeit[173] hat sich zu einem müden, von schwerer Krankheit gezeichnetem Kriegsheimkehrer gewandelt. Don Juan ist nicht nur körperlich angeschlagen – er greift sich häufig schmerzerfüllt ans Herz – sondern auch geistig arg in Mitleidenschaft gezogen – paranoid schaut er sich des Öfteren nach etwaigen Verfolgern um.[174] Seine Beziehung zu den verschiedenen Frauen des Stückes zeichnet sich nicht durch aktive Verführungskunst, sondern vielmehr durch eine gewisse Passivität aus. Mit dem Glauben, sich für die Eine entschieden zu haben und diese Entscheidung konsequent leben zu können, verliert Don Juan sein begehrendes Interesse an anderen Frauen. Jede Liebesepisode geht somit auf Initiative der Frauen zurück und endet stets in Trauer, Wut und Hass[175] – der Literaturkritiker Krischke spricht in diesem Zusammenhang von einer humoristischen Tragik in den Werken Horvaths, dessen Figuren sehnsüchtig die Hände einander entgegenstrecken und sich letztlich doch nie bekommen.[176]

---

171 Arnold S. 130
172 Gnüg S. 85
173 siehe Don Juan S. 19: Erste: „Das war mal eine stadtbekannte Persönlichkeit mit lauter erotischen Skandalaffären! [...]"
174 Arnold S. 131
175 Arnold S. 131
176 Krischke S. 194

Weder kann Don Juan den Frauen, noch sie ihm geben, was begehrt wird. Don Juans Begehren gilt dem Tod, auch wenn er sich dessen nicht bewusst ist. Nichts wünscht er sich sehnlicher, als vollkommen geliebt zu werden (weshalb er auch die Vorstellung einer Rückkehr zur Mutter als „schön" bezeichnet)[177] , doch die einzige Frau, die Don Juan zu einer wahrhaft liebenden stilisiert, ist bereits zu Beginn des Stückes tot. So ist „Auf der Welt [...] kein Platz mehr für ihn"[178] und er kann seine Erlösung nur noch im Tod selbst finden. Da Don Juan die verlassene Geliebte, die für ihn zu einem Ideal der Vollkommenheit wurde, dem er vergeblich in den vielen Zufallsbegegnungen nachspürt, letztendlich als Verstorbene auf dem Friedhof vorfindet, muss er seines Selbstbetruges müde werden und überlässt sich der Kälte. Dieses Motiv findet sich in der Literatur Horvaths häufiger.[179] Die Bilder der Kälte, des Frostes und des Schnees symbolisieren in „Don Juan kommt aus dem Krieg" die seelische Erstarrung, der Don Juan in seiner vergeblichen Idealsuche anheimgefallen ist.[180] Letztlich sühnt er durch das Element, das seine Schuld veranschaulicht und findet so eine Erlösung im Kältetod, der er im Leben nicht mehr begegnen kann.

## Resümee

Nach der Analyse der klassischen Motivkonstellationen, denen das Don Juan – Sujet seine fast 400 Jahre andauernde Wirkung verdankt und der Untersuchung der durch die Inflation bestimmten Zeitumstände und Handlungsweisen der Figuren in „Don Juan kommt aus dem Krieg" bestätigt sich die von Horvath zur Einleitung seines Stückes gegebene Interpretation.

Die „Katastrophen, die die Allgemeinheit betreffen" haben das innerste Wesen des Menschen nachhaltig geändert und einen Werteverfall sowie damit auch eine Werteneudefinition verursacht. Auch Don Juan hat scheinbar seine Vorkriegsmentalität abgelegt und strebt nicht mehr die Verführung von „tausend miserablen Frauenzimmer" an, wie die Hausmeisterin im I. Akt, II. Aufzug den Don Juan der Kaiserzeit beschreibt. Stattdessen sucht er verzweifelt nach seinem Idealbild einer vollkommenen Frau ohne zu erkennen, dass er Vollkommenheit auf Erden nicht wird erreichen können. Zwangsläufig muss seine Suche so im Tod enden, denn er findet in der Gesellschaft keinen Platz mehr, auch deshalb

---

177 siehe Don Juan S. 22: Erste: „Wo willst du hin?" – Don Juan: „Nach Haus." – Erste: „Zur Mutter?" – Don Juan (horcht auf): „Das wäre schön."
178 Don Juan S. 63
179 siehe das Motiv der Kälte insbesondere in „Jugend ohne Gott" und „Ein Kind unserer Zeit"
180 Krischke S. 259

nicht, weil sich seine neue Selbstdefinition als Selbstbetrug entpuppt. Horvath zeichnet so einen tragischen Don Juan, dessen Hoffnungen, ohne dass er sich dessen bewusst ist, allein im Tod liegen. Das klassische Don Juan-Sujet eines aktiven und skrupellosen Verführers wird von Horvath zu der Geschichte eines im Wandel der Gesellschaft verlorengegangenen Idealsuchers, der krank und paranoid einem Pfad folgt, an dessen Ende nur sein eigenen Tod steht, umetikettiert. Die Ursache hierfür liegt dabei in der Umwertung aller Werte, in dem gesellschaftlichen Wandel, der als Konsequenz des allgemeinen Trauma des Ersten Weltkrieges darsteht.

# Literaturliste

Ödön von Horvath. Don Juan kommt aus dem Krieg. Kommentierte Werkausgabe in Einzelbänden, Band 9. Hrsg: Traugott Krischke. Erste Auflage Suhrkamp Verlag. Frankfurt am Main 1987

Armin Arnold, Stephen Jaeger (Hrsg). Der gesunde Gelehrte. Literatur-, Sprach- und Rezeptionsanalysen. Festschrift zum 70. Geburtstag von Hans Bänziger, Schläpfer und Co Verlag. Herisau 1987

Axel Fritz. Ödön von Horvath als Kritiker seiner Zeit. Studien zum Werk in seinem Verhältnis zum politischen, sozialen und kulturellen Zeitgeschehen. Originalausgabe, Paul List Verlag KG. München 1973

Hiltrud Gnüg. Don Juan. Eine Einführung. Artemis Verlag. München 1989

Traugott Krischke. Ödön von Horvath. Kind seiner Zeit. Originalausgabe, Wilhelm Heyne Verlag. München 1980

Traugott Krischke. Horvath Chronik. Daten zu Leben und Werk. Erste Auflage, Suhrkamp Verlag. Frankfurt am Main 1988

Beatrix Müller-Kampel (Hrsg.). Mythos Don Juan. Zur Entwicklung eines männlichen Konzepts. Erste Auflage, Reclam Verlag. Leipzig 1999

Christian Schnitzler. Der politische Horvath. Untersuchung zu Leben und Werk. Marburger Germanistische Studien, Band 11. Peter Lang Verlag. Frankfurt am Main 1990

Jürgen Schröder. Das Spätwerk Ödöns von Horvaths. In: Traugott Krischke (Hrsg.). Ödön von Horvath. Materialien. Erste Auflage, Suhrkamp Verlag. Frankfurt am Main 1981

Albrecht Sellen. Geschichte Kurz und Klar. Band 2. Zweite Auflage Auer Verlag. Donauwörth 1997

Jürgen Wertheimer. Don Juan und Blaubart. Erotische Serientäter in der Literatur. Originalausgabe, C.H. Beck Verlag. München 1999

# E.T.A. Hoffmanns
## *Don Juan* als Interpretation
## von W.A. Mozarts
## *Don Giovanni*

Von Helen Stringer, 2006

## Einleitung

In dieser Arbeit sollen jeweils ein Werk von zwei wichtigen Künstlern dargestellt und mit einander verglichen werden: E.T.A. Hoffmanns Novelle *Don Juan* und W.A. Mozarts Oper *Don Giovanni*. Beide behandeln das gleiche und in der Geschichte oft vorkommende Thema eines Verführers, der jedoch bei verschiedenen Autoren verschiedener Nationen nicht nur anders genannt, sondern auch aus vielen unterschiedlichen Perspektiven betrachtet wird.

Zunächst soll einen Überblick über die verschiedenen Bearbeitungen des Don Juan-Themas der letzten Jahrhunderte gegeben werden, wobei nur eine kleine Auswahl der besonders zahlreichen Versionen dargestellt werden kann. Der dritte Abschnitt konzentriert sich auf Mozart und die Entstehung seiner *Don Giovanni*. Danach kommen wir zu Hoffmann und seiner Beziehung zur Musik, wobei nicht nur seine literarischen Werke, sondern auch seine musikalischen in dem Mittelpunkt stehen. Der fünfte Abschnitt gilt als Hauptteil der Arbeit, wo die Inhalte beider Werke miteinander verglichen werden sollen. Es wird untersucht, wie Hoffmann in seiner Novelle Mozarts Oper darstellt und neu interpretiert, indem er beispielsweise bestimmte Teile der Oper weglässt. Die möglichen Gründe dafür werden erläutert und Hoffmanns Interpretation von den Rollen des Don Giovanni und der Donna Anna, sowie die Beziehung zwischen diesen Charakteren werden diskutiert. Am Schluss werden die Einflüsse erwähnt, die Hoffmanns Novelle auf nachfolgende Bearbeitungen des Don Juan-Stoffs ausgeübt hat.

## Der Mythos Don Juan

Seit vier Jahrhunderten lebt der Mythos von Don Juan, in all seinen unterschiedlichen Varianten. Diese literarische Figur hat schon eine Rolle nicht nur im Sprechtheater gespielt, sondern auch in der Oper, der Poesie und der Epik. Jede Don-Juan-Bearbeitung schafft eine andere Perspektive und verschiedene Charakterzüge dieses berühmten Verführers. Don Juan, der rein fiktiv ist, muss man von dem genauso berühmten Casanova unterscheiden, der eine historische Figur aus dem 18. Jahrhundert ist. Casanova wollte sich mit den Frauen einfach vergnügen, und für ihn war das Ganze ein „unterhaltsames

Spiel"[181], während Don Juan die Damen, denen er begegnet, zerstören will, und bereit ist, die Männer, die in seinem Weg stehen, zu töten.

Den Ursprung des weltberühmten Don Juan-Mythos findet man im Jahre 1613 in Spanien. Der Autor war ein Mönch mit dem Namen Gabriel Tellez, der sich Tirso de Molina nannte. Er schrieb eine Komödie für die Bühne mit dem Titel *El burlador de Sevilla y convidado de piedra*. Als religiöser Mensch wollte Molina einen Charakter schaffen, der große Sünden gegen Gott begeht, und dadurch eine himmlische Strafe erleidet. Im Gegensatz zu dem Glauben der Antike war die christliche Meinung dieser Zeit, dass alles Erotische und Sinnliche, sowie Sexualität außerhalb der Ehe negativ und sündhaft sei. Deshalb entstand Don Juan, der durch seine Gerissenheit und seinen Reiz so viele Frauen wie möglich verführt, und am Ende in die Hölle gezogen wird.

Dem ursprünglichen Don-Juan-Stück des 17. Jahrhunderts folgten unzählbare Varianten des Stoffes, von Autoren in verschiedenen Ländern, Sprachen und Epochen. Der Franzose Molière schrieb eine gesellschaftskritische Komödie mit dem Titel *Dom Juan ou le festin de pierre*, wobei er nicht nur Tirso de Molinas Stoff benutzt hat, sondern auch italienische Bearbeitungen in der Form der Commedia dell'arte. Bei Molière ist der Held ein Atheist und Rationalist, und außerdem spielten in diesem Stück die Herr-Diener-Dialoge eine größere Rolle als vorher. Es sind danach auch Stücke entstanden, die sich auf Molières Interpretation des Stoffes beziehen, beispielsweise von Brecht (1952) und Annouilh (1955).

In der Zeit der Aufklärung war das Thema des Wunderbaren im normalen Sprechtheater verboten, und in dieser Zeit tauchte Don Juan zum ersten Mal im Musiktheater auf. Im Jahre 1761 schrieb Gluck sein Don Juan-Ballett und im Jahre 1787 folgte Mozarts Oper *Il dissoluto punito o sia Il Don Giovanni. Dramma giocoso in due atti.* (Der bestrafte Verführer oder Don Giovanni. Komödie in zwei Akten.), mit einem Libretto von Lorenzo da Ponte.

25 Jahren nachdem Mozart seine Oper komponiert hat, schrieb E.T.A. Hoffmann seine Novelle, *Don Juan*, mit dem Untertitel *Eine fabelhafte Begebenheit, die sich mit einem reisenden Enthusiasten zugetragen.* Es handelt sich hier um einen "Enthusiasten", der eine Aufführung der Mozartschen Don Giovanni-Oper anschaut und diese in einem Brief an seinen Freund beschreibt. Hoffmanns Erzähler beschreibt sehr subjektiv und lückenhaft das, was er sieht,

---

181 Gnüg, Hiltrud: Don Juan: Ein Mythos der Neuzeit. Bielefeld 1993. S. 7

und dadurch ist eine neue Interpretation der Oper und des Don Juan-Mythos entstanden.

Zusätzlich gibt es noch eine ganze Menge Don Juan-Bearbeitungen, von denen einige sich relativ stark am ursprünglichen Stoff orientieren, und andere kaum als Teil des Don Juan-Mythos betrachtet werden können. Es gab verschiedene Tendenzen, beispielsweise den Dandyismus. Diese Tendenz basierte auf einer echten Person namens Dandy aus dem 19. Jahrhundert, der bestimmte Ähnlichkeiten mit der Don Juan-Figur hatte. Christian Dietrich Grabbe hat Elemente von Don Juan und Faust genommen und die beiden kombiniert, während Théophile Gautier in seiner *La comédie de la mort* Elemente von Don Juan, Faust und auch Dantes *La divina Commedia* kombinierte. Verschiedene Autoren, wie Honoré de Balzac und Henry de Montherlant haben einen alten oder sterbenden Don Juan beschrieben und andere, zum Beispiel Byron und Max Frisch, haben den Helden so beschrieben, dass er nicht vor hat, die Frauen zu verführen, er gefällt ihnen einfach, weil er so charmant ist.

## Die Entstehung von Mozarts *Don Giovanni*

Wolfgang Amadeus Mozart (1756-1791) ist in Salzburg geboren und seit einem sehr jungen Alter hat er von seinem strengen Vater Musik gelernt. Schon in seiner Kindheit ist er oft innerhalb Österreichs und auch durch Europa gereist und hat in vielen Konzerten als „Wunderkind" gespielt. Außerdem hat er viel komponiert und wurde von den zeitgenössischen Musikern sehr beeinflusst. Nach zahlreichen Aufenthalten in wichtigen Städten wie Paris, Rom und London, wo er sich sehr hat inspirieren lassen, und nach dem Tod seiner Mutter im Jahre 1778, ist er 1781 nach Wien umgezogen, wo er seine letzten 10 Lebensjahre verbracht hat und ein wichtiger Vertreter der Wiener Klassik geworden ist. In dieser Zeit hat er eine Frau namens Konstanze Weber geheiratet und sechs Kinder bekommen, von denen nur zwei die Kindheit überlebten. 1791 ist Mozart erkrankt, und im Dezember dieses Jahres ist er gestorben.

Etwa 1784 hat Mozart angefangen mit Lorenzo da Ponte, einem berühmten Wiener Librettisten, zu arbeiten und hat diesen dann gewählt, das Libretto zu *Don Giovanni* zu schreiben. Insgesamt haben Mozart und Da Ponte zusammen an drei Opern gearbeitet: *Le nozze di Figaro* (1786), *Don Giovanni* (1787) und *Così fan tutte* (1790). Im Jahre 1787 war Mozart in Prag, weil seine Oper *Le nozze di Figaro* dort aufgeführt wurde. Er war mit Josefa Duschek befreundet und die Familie Duschek hat Mozart zu sich in die Stadt Moldau eingeladen.

Eine wichtige Figur des Prager Nationaltheaters, Pasquale Bondini, hat ihm in diesem Jahr den Auftrag gegeben, seine *Don-Giovanni*-Oper zu komponieren.

Obwohl Mozart nur kurz davor mit großem Optimismus an seinem *Figaro* gearbeitet hat, war seine Situation, als er anfing sich mit dem *Don Giovanni* Stoff zu beschäftigen, nicht mehr so günstig[182]. Er war in Wien weniger beliebt als vorher und seine wirtschaftliche Lage hatte sich verschlimmert. Bei einer Neubearbeitung des *Don Giovanni* Stoffs ging er auch auf ein Risiko ein, weil das Thema schon so oft behandelt worden war und deshalb für das Publikum vielleicht nicht mehr so spannend wäre. Mozart und Da Ponte haben entschieden, ihr Stück für die Prager Theaterbesucher zu komponieren, denn sie glaubten, es würde dort mehr Erfolg haben als in Wien.

„Mozart and Da Ponte gauged that the piece would be suitable for the musically intelligent but provincial and somewhat unsophisticated tastes of Prague."[183]

Die Uraufführung der Oper hätte am 14. Oktober 1787 in Prag zu Ehren von der Erzherzogin Maria Theresia Josepha von Österreich stattfinden sollen, musste aber verschoben werden, weil das Ensemble noch nicht bereit war. Die Herzogin schaute also stattdessen *Le nozze di Figaro* und Mozarts *Don Giovanni* wurde am 29. Oktober mit besonderem Erfolg uraufgeführt.

## Hoffmanns Beziehung zur Musik

Ernst Theodor Wilhelm Hoffmann (erst später hat er, wegen Mozart, den Namen „Amadeus" angenommen) ist 1776 in Königsberg geboren. Er hat Jura studiert und ist danach Gerichtsassessor in Posen geworden. Hier hat er eine Polin namens Maria Thekla Michalina Rorer-Trzynska kennen gelernt und sie im Jahre 1802 geheiratet.

Während seines Lebens hat Hoffmann in verschiedenen Städten gewohnt, als Jurist und nachher als freier Künstler gearbeitet und wurde ein wichtiger Vertreter der Romantik. Er war in vielen Bereichen der Kunst begabt und sah sich als Komponist, Schriftsteller, Musikkritiker und Zeichner. Besonders die Musik hat ihn begeistert; während seiner Zeit als Jurist hat er sich immer nebenbei mit Komponieren beschäftigt und gab auch privaten Musikunterricht. In Warschau hat er die „Musikalische Gesellschaft" gegründet, die Konzerte veranstaltete.

---

182 Steptoe, Andrew: The Mozart-Da Ponte Operas. The Cultural and Musical Background to Le nozze di Figaro, Don Giovanni, and Così fan tutte. Clarendon Press. Oxford 1988. S. 243
183 Ebd. S. 243

Er war aber nicht immer in allem erfolgreich; in Berlin wollte niemand sein Talent anerkennen und in Bamberg hat er seine Stelle als Musikdirektor schnell verloren. Jedoch als Musikkritiker für die „Allgemeine musikalische Zeitung" in Leipzig hatte er mehr Erfolg und es ist ihm danach gelungen, 1809 seine Erzählung *Ritter Gluck* in dieser Zeitung zu veröffentlichen. Hoffmann hat verschiedene Stellen in Dresden, Leipzig und dann Berlin angenommen. Im September des Jahres 1812 schrieb er seine Novelle *Don Juan*; diese wurde 1814 in der ersten Band der *Fantasiestücke* bei Kunz veröffentlicht.

Im Jahre 1822 hat er seine Erzählung *Meister Floh* geschrieben, die einen damals laufenden Gerichtsprozess parodiert hat. Dadurch bekam er große Schwierigkeiten mit dem Gericht, denn er hat dafür vertrauliche Informationen aus diesem Prozess benutzt. In demselben Jahr erkrankte Hoffmann und am 25. Juni 1822 ist er gestorben.

Es waren seine musikalische Erzählungen, die Hoffmann bekannt gemacht haben, und auch heute wird er vorwiegend als Dichter und Schriftsteller betrachtet. Eigentlich wollte er aber als Komponist anerkannt werden und strebte sein ganzes Leben danach. Bis 1814 hat er etwa 80 Werke komponiert; acht davon sind Singspiele und Opern[184]. Während seiner Zeit als Kapellmeister in Leipzig und Dresden komponierte er *Undine*, die als seine bedeutendste Oper gilt[185] und besonders erfolgreich in Berlin uraufgeführt wurde. Sie basiert auf der gleichnamigen Erzählung des Schriftstellers F. de la Motte Fouqué, mit dem Hoffmann auch befreundet war.

Als Quelle für seine Novelle *Don Juan* nahm Hoffmann Mozarts Oper *Don Giovanni*, die er schon in seiner Jugend kennen gelernt hat. Seine Novelle wird als „Interpretation der Oper durch einen Künstler"[186] betrachtet. Es bleibt unklar, wann er diese Oper zum ersten Mal auf der Bühne angeschaut und gehört hat; bekannt ist aber, dass er sie in der Zeit von Oktober 1810 bis Oktober 1811 unter Holbein in dem Bamberger Theater miterlebt hat. Hoffmann selbst, wie auch Kunz, haben die Aufführungen unter Holbein als wichtige Anregung für die Entstehung der Novelle gesehen. Der Aufbau des Theaters in *Don Juan* hat sogar Ähnlichkeiten mit dem Aufbau des Bamberger Theaters. Außerdem ähnelt Donna Annas Charakter in Hoffmanns Werk der Schauspielerin Elizabeth Röckel, die diese Rolle in den Aufführungen unter Holbein gespielt hat.

---

184 Keil, Werner: E.T.A. Hoffmann als Komponist. Studien zur Kompositionstechnik an ausgewählten Werken. In: Hoffmann-Erbrecht, Lothar (Hrsg.): Neue Musikgeschichtliche Forschungen. Breitkopf & Härtel. Wiesbaden 1986. S. 1
185 Ebd. S. 2
186 E.T.A. Hoffmann: Sämtliche Werke, Bd. 2-1: Fantasiestücke. Werke 1814. Frankfurt 1993. S. 675

Als wichtiger Vertreter der spätromantischen Epoche sah Hoffmann die Musik als Flucht aus der Wirklichkeit und „Symbol romantischer Sehnsüchte"[187], sogar als einzige Möglichkeit, das Wunderbare darzustellen. Sein Interesse an Musik hat einen großen Einfluss auf seinen literarischen Stil ausgeübt, besonders in seiner Novelle *Don Juan*, die seine romantischen Vorstellungen der Musik ausdrückt.

## Hoffmanns Interpretation von Mozarts Oper

Hoffmanns Novelle, die aus kaum mehr als 16 Seiten besteht[188], ist in der Form eines Briefs geschrieben, den der Ich-Erzähler, ein so genannter „reisender Enthusiast" an seinen Freund Theodor schreibt. Es wird behauptet, dass hier ein Bezug zum Jugendfreund Hoffmanns, Theodor von Hippel[189], zu sehen ist, mit dem er auch später in seinem Leben regelmäßig korrespondiert hat. Die Novelle wird chronologisch erzählt: Sie fängt am Abend an und dauert bis zum Mittag des nächsten Tages. Sie besteht aus drei Teilen: zwei könnten als Hauptteile gelten und am Ende gibt es einen kurzen (aber genauso wichtigen) Anhang. Im ersten Teil beschreibt der Erzähler, wie er von seinem Hotelzimmer direkt in eine Fremdenloge eines Theaters gekommen ist, wo er allein sitzen konnte, um eine Aufführung von Mozarts Oper *Don Giovanni* anzuschauen. In dem Brief beschreibt er seinem Freund bestimmte Teile dieser Aufführung: die Ouvertüre, den Beginn und das Ende des ersten Aktes und einen Teil des zweiten Aktes (ab Szene 12 bis zum Ende). Die Oper wird aber nur unvollständig beschrieben, weil der Hauptcharakter, während er die Aufführung anschaut, von einer mysteriösen Figur besucht wird, die seine Konzentration unterbricht.

Hoffmanns *Don Juan* ist wegen seiner Unvollständigkeit und Subjektivität keine richtige Opernbeschreibung, sondern eine künstliche Bearbeitung aus der Perspektive eines Romantikers. Der „reisende Enthusiast" beschreibt genau das, was er erfährt und fühlt. Man kann nicht behaupten, er schaue vielleicht zum ersten Mal Mozarts *Don Giovanni* an, denn er macht verschiedene Bemerkungen, die zeigen, dass er das Werk gut kennt. Sobald ein Kellner ihn über die Aufführung informiert, stürzt er wegen seiner Begeisterung schnell aus seinem Hotelzimmer und ins Theater. Er ist auch fähig, verschiedene

---

187 Dobat, Klaus Dieter: Musik als romantische Illusion. Eine Untersuchung zur Bedeutung der Musikvorstellungen E.T.A. Hoffmanns für sein literarisches Werk. Tübingen 1984
188 E.T.A. Hoffmann: Don Juan. In: Rat Krespel. Die Fermate. Don Juan. Reclam TB 5274. Stuttgart 2002. Alle Zitate aus dem Primärtext von Hoffmanns Don Juan sind aus dieser Ausgabe.
189 E.T.A. Hoffmann: Sämtliche Werke, Bd. 2-1: Fantasiestücke. Werke 1814. Frankfurt 1993. S. 681

italienische Zitate aus der Oper wiederzugeben, die vielleicht schwierig zu merken wären, wenn er das Werk nie gesehen hätte. Der Enthusiast gibt aber nicht absichtlich eine kurze, unvollständige Beschreibung, sondern die Figur in seiner Loge nimmt viel seiner Aufmerksamkeit, obwohl er sich entscheidet, sie völlig zu ignorieren. In dem zweiten Akt, nach seinem Gespräch mit der Sängerin Donna Anna, beschreibt er wieder nur bestimmte Teile der Oper, weil er an sie und an die Gefühle, die sie in ihm erweckt hat, denkt.

**Welche Teile werden berücksichtigt und welche weggelassen?**

Mozarts *Don Giovanni* besteht aus zwei Akten. Im ersten Akt sind 20 Szenen und im zweiten sind 13 Szenen. Hoffmanns Erzähler sitzt schon in dem Theater, als die Oper anfängt, und er beschreibt die erste Szene, als der Diener Leporello draußen auf seinen Herrn, Don Giovanni, wartet, der gerade versucht Donna Anna zu verführen. Der Enthusiast gibt Leporellos erste Worte wieder, „Notte e giorno faticar" („Keine Ruh' bei Tag und Nacht". Hoffmann S.56)[190] und freut sich, dass die Oper, obwohl „am deutschen Orte"(S.56), trotzdem auf Italienisch aufgeführt wird, „wie es der große Meister empfing und dachte" (S.56). Dann kommt Don Juan auf die Bühne, gefolgt von Donna Anna, die Rache schwört: „Non sperar se non m'uccidi" („Hoffe nicht, eh' du mich tötest, meine Rache zu entgehn". Hoffmann S.57) Den Mord des Ordensritters, Vater von Donna Anna, in der ersten Szene beschreibt er nur flüchtig, und die zweite Szene, als Don Giovanni und Leporello den Mord besprechen, lässt der Enthusiast aus. Als Nächstes beschreibt er die dritte Szene, als Donna Anna ihrem Bräutigam, Don Ottavio, „Don Juans grausames Attentat" erklärt (S.58). Hier zitiert er Donna Annas Zeile „Ma qual mai s'offre, o dei, spettacolo funesto agli occhi miei!" („Welch ein schreckliches Bild enthüllt sich voll Graun meinen Blicken". Hoffmann S.58) Der Enthusiast erwähnt den Eintritt von Donna Elvira in der vierten Szene, dann wie sie in der fünften Szene, mit den Worten „Tu nido d'inganni" („Du Ausbund der Schlechtigkeit". Hoffmann S.58), Don Giovanni anspricht. Er zitiert auch Leporellos ironische Worte: „Parla come un libro stampato" („Sie spricht wie ein gedrucktes Buch". Hoffmann S.58). Während er diese Szene anschaut, bekommt der Enthusiast zum ersten Mal den Eindruck, dass jemand außer ihm sich in seiner Loge befindet. Weil diese Figur seine

---

190 Die italienischen Zitate aus Mozarts Oper, die Hoffmanns Erzähler zitiert, werden als „Hoffmann" anstatt als „Mozart" bezeichnet, weil sie nicht direkt aus Mozarts Werk stammen, sondern indirekt durch den Erzähler. Außerdem stimmen nicht alle Mozart-Zitate und deren deutschen Übersetzungen im Reclam Ausgabe von Hoffmanns Don Juan mit den entsprechenden Textteilen im Reclam Ausgabe von Mozarts Don Giovanni überein. Die einsprachig deutschen Primärtext-Zitate sind alle aus Don Juan.

Aufmerksamkeit ablenkt, beschreibt er gar nichts mehr von der Mitte der fünften bis zur fünfzehnten Szene.

Das was in der fünften Szene nicht beschrieben wird, ist Don Giovannis Betrug von Donna Elvira, indem er insgeheim flieht, als sie versucht mit ihm zu reden, und Leporellos Erklärung an sie über die zahlreichen Eroberungen seines Herrn. Es gibt weder eine Beschreibung von Donna Elviras Entscheidung in der sechsten Szene sich zu rächen, noch von der fröhlichen Hochzeitsfeier Masettos und Zerlinas, die Don Giovanni unterbricht, indem er in den siebenten bis neunten Szenen von Mozarts Oper die Braut von ihrem Bräutigam entführt und sie zu heiraten verspricht. Außerdem beschreibt Hoffmanns Erzähler nicht: Donna Elviras Warnung an Zerlina, dass Don Giovanni ein Betrüger sei (zehnte Szene), das Treffen von Don Giovanni mit Donna Anna und Don Ottavio, als sie ihn um Hilfe bitten (elfte Szene), die zwölfte Szene, als Donna Elvira versucht die Vorigen zu überzeugen, dass Don Giovanni ein Betrüger sei, während er sie eine Verrückte nennt, und die dreizehnte bis vierzehnte Szene, als Donna Anna an seiner Stimme erkennt, dass Don Giovanni der Mörder ihres Vaters ist, und Don Ottavio ihr verspricht, Rache zu nehmen.

Erst an dem Punkt in der fünfzehnten Szene, als Don Giovanni Leporello ein Fest vorzubereiten befiehlt, fängt der Enthusiast wieder mit seiner Beschreibung an. Er zitiert Don Giovannis Worte „Fin ch'han dal vino" („Bis von dem Weine [glühen die Wangen]". Hoffmann S.59) und er beschreibt, wie Zerlina in der sechzehnten Szene versucht, Masetto zu trösten. Verschwiegen werden die siebzehnte und achtzehnte Szene, als Don Giovanni Zerlina sucht, ihr über seine Liebe für sie erzählt und den versteckten Masetto findet. In der neunzehnten Szene von Mozarts Oper stehen Donna Anna, Don Ottavio und Donna Elvira draußen in Masken und sprechen darüber, wie gefährlich es sein könnte, Don Giovanni zu konfrontieren, aber dieses Gespräch erwähnt der Enthusiast nicht. Von der zwanzigsten und letzten Szene des ersten Aktes wird beschrieben, wie „in fröhlichem Gewühl wälzen sich die Bauern und allerlei Masken umher, die Don Juans Fest herbeigelockt hat" (S.59), und wie „die drei zur Rache Verschwornen" (S.59) in den Tanzsaal eintreten. Endlich beschreibt der Erzähler die Rettung von Zerlina, mit der Don Giovanni zu tanzen versucht, und wie Don Giovanni sein Schwert zieht: er „bahnt sich durch das gemeine Gesindel [...] den Weg ins Freie" (S.59-60). Hiermit endet der erste Akt, und der Enthusiast schaut zum ersten Mal nach, wer bei ihm in der Loge steht.

Nach seinem Gespräch mit der Darstellerin Donna Anna fängt der zweite Akt an, aber wegen der Begegnung mit dieser mysteriösen Figur ist der Enthusiast in einer Traumwelt versunken, und konzentriert sich noch weniger als vorher auf die Handlung der Oper. Er beschreibt gar nicht, wie Don Giovanni Donna Elvira wieder betrügt, indem er Leporello zwingt, ihn nachzuahmen (erste bis dritte Szene). In der vierten bis sechsten Szene des zweiten Aktes tut Don Giovanni so, als sei er Leporello, und er schlägt Masetto, der danach von Zerlina gefunden wird. Dann erscheinen Leporello und Donna Elvira, aber als Donna Anna, Don Ottavio und dann Zerlina und Masetto ihn töten wollen, muss er gestehen, nicht Don Giovanni zu sein. Er bittet sie um Verzeihung, dann flieht er. Das alles erwähnt Hoffmanns Enthusiast nicht, und auch nicht die elfte Szene, als die Statue des Ordensritters (der Vater von Donna Anna) zu sprechen anfängt, und Don Giovanni ihn zum Essen einlädt. Der Enthusiast beschreibt nur das Finale, ab der dreizehnten Szene, als das Feiern mit Don Giovannis Worten „Gia la mensa è preparata!" („Schon ist das Mahl bereitet". Hoffmann S.62) beginnt. Er erwähnt die vierzehnte Szene, als Donna Elvira versucht, Don Giovanni zu überzeugen, sein Leben zu verändern, und als am Ende ein Klopfen an der Tür zu hören ist. Endlich beschreibt der Erzähler die fünfzehnte und letzte Szene der Oper: die Statue des Ordensritters tritt ein, er verlangt, dass Don Giovanni bereut, aber der weigert sich und wird mit viel Lärm und Blitz in die Hölle gezogen. Dann kommen all die anderen Charaktere, die Don Giovanni suchen, Leporello sagt ihnen, was passiert ist und Donna Anna erklärt Don Ottavio, dass sie ihn nicht sofort heiraten will.

**Wie ist die lückenhafte Beschreibungsart zu verstehen?**

Die Unvollständigkeit der Beschreibung kann man erstens, wie schon erwähnt, mit dem Auftauchen der Sängerin in der Loge des Enthusiasten begründen, und mit den emotionalen Wirkungen, die sie bei ihm hinterlässt. Wenn man aber das Werk tiefer betrachtet, muss man sich noch fragen, was Hoffmann eigentlich mit dieser lückenhaften Beschreibungsart erreichen wollte. Es ist wichtig nicht nur herauszufinden, welche Teile der Oper sein Erzähler nicht erwähnt, sondern auch, warum gerade diese Teile. Der Enthusiast ist ein Romantiker und er sieht die Oper genau, wie er sie sich aus seiner romantischen Perspektive vorstellt. Die weggelassenen Teile hätten, wenn er sie dazu beschrieben hätte, seine romantische Vorstellung zerstören und ihr widersprechen können.

*Die positive Darstellung von Don Giovanni*

Hoffmanns Enthusiast gibt dem Leser ein Charakterbild des Helden Don Giovanni, der sich stark unterscheidet von dem Charakter, wie Mozart ihn darstellt. Mozart wollte einen bösen Menschen zeigen, der sich mit Frauen vergnügt und sie dann eine nach der anderen betrügt und verlässt, einfach weil es ihm Spaß macht. So ein Charakter passt aber nicht in das Weltbild eines Romantikers wie des Enthusiasten und er versucht der Oper eine tiefere Bedeutung und gleichzeitig dem Helden eine schönere Personalität zu geben. Er sieht ihn als Idealsucher „von einsamer Größe, die ihn über die Masse erhebt"[191], der ständig etwas Besseres sucht, aber immer wieder enttäuscht wird.

Dass so eine Person wie Don Giovanni einen sinnlosen Mord begehen und dann diese Tat nicht bereuen würde, will der Enthusiast nicht hervorheben, sondern schiebt es in den Hintergrund seiner Beschreibung. Deshalb, wie schon erwähnt, beschreibt er wenig von der ersten und zweiten Szene des ersten Aktes. In Mozarts Oper sagt Don Giovanni sogar zu Leporello über den getöteten Ordensritter „L'ha voluto, suo danno." („Er hat es gewollt, sein Pech". Mozart S.22-23)[192], was gar keinen guten Eindruck von der Personalität Don Giovannis gäbe, wenn der Enthusiast es zitiert hätte. Der Leser sollte alles, was Don Giovanni macht, als positiv ansehen, denn er ist (nach der Meinung des Enthusiasten) besser als andere Menschen und die normalen Regeln beziehen sich nicht auf ihn. Man bekommt den Eindruck, dass er (fast wie ein Gott) höhere Pläne hat, die normale Menschen gar nicht infrage stellen dürfen, auch wenn er ganz schreckliche Taten begehen muss, um seine Ziele zu erreichen. Hoffmanns Erzähler geht auch so weit, die Schuld an dem Mord des Ordensritters dem Getöteten selbst zu geben, weil er in den Weg Don Giovannis getreten ist. Der Enthusiast kommentiert: „Der alte Papa hat seine Torheit, im Finstern den kräftigen Gegner anzufallen, mit dem Leben gebüßt" (S.57). Dieser Satz gibt eine besonders einseitige Meinung des Geschehens: eigentlich war es Don Giovanni, der töricht und feig war, weil er in das Haus eingebrochen ist, Donna Anna vergewaltigen wollte, und dann, als sie dagegen protestierte, zu fliehen versuchte ohne sein Gesicht zu zeigen. Außerdem hat er einen Mord begangen, nur damit er entkommen konnte. Der Vater von Donna Anna auf der anderen Seite, der einfach seine Tochter beschützen und seinen Haushalt in Sicherheit bringen wollte, hat tapfer versucht, den Verbrecher aufzuhalten und ist währenddessen getötet worden. Trotzdem erzählt der Enthusiast, weil es besser in sein romantisches Weltbild passt, von der „Torheit" des Alten. Für Hoffmanns Don Juan ist alles erlaubt, deswegen sollten die Leute, die ihn irgendwie zu verhindern versuchen, egal was der Grund sein mag, mit den Konsequenzen rechnen. Diese Tatsache wird auch kurz davor betont, als der

---

191 Gnüg, Hiltrud: Don Juan: Ein Mythos der Neuzeit. Bielefeld 1993. S. 80
192 Alle italienische Zitate und deutsche Übersetzungen von dem Libretto zu Mozarts Don Giovanni, die nicht in Hoffmanns Don Juan zitiert sind, stammen aus der folgenden Ausgabe: W.A. Mozart: Don Giovanni Italienisch / Deutsch. Reclam TB 7481. Stuttgart 2002

Enthusiast sich fragt: „Warum stößt er nicht mit kräftiger Faust das Weib zurück und entflieht?" (S.57) Dem mächtigen Don Giovanni soll auch Gewalt gegen Frauen erlaubt sein, wenn es nötig ist, und der Erzähler sieht sogar etwas Mutiges in so einer Tat. Er bildet sich ein, dass Don Giovanni an einen „Kampf von Haß und Liebe im Innern" (S.57) leidet, der ihn schwach macht. Das alles gibt dem Leser den Eindruck, dass Don Giovanni ein sehr leidenschaftlicher Mensch ist, der viele gegensätzliche Emotionen hat.

Für einen guten Menschen, wie der Enthusiast ihn in Don Giovanni darstellen will, gibt es keinen Betrug, nur das Streben nach etwas Besserem. Deswegen beschreibt er nicht, wie in der fünften Szene Don Giovanni von Donna Elvira flieht, als sie von ihm eine Erklärung für sein entsetzliches Benehmen ihr gegenüber verlangt. Sie ist traurig und verletzt, weil er sie verführt und verlassen hat, aber er zeigt nur unechtes Mitleid für sie, „Eh via / Siate più ragionevole... *(A parte.)* Mi pone / A cimento costei." („Nicht doch, seid etwas vernünftiger... *(Beiseite.)* Die stürzt mich noch ins Unglück". Mozart S. 32-33) Dann sagt er ihr, dass Leporello ihr alles erklären wird, und er selbst verschwindet, bevor Donna Elvira überhaupt bemerkt, dass er weggehen will.

Es gefällt dem Mozartschen Don Giovanni, eine Frau nach der anderen zu verführen, dann zu verlassen, ohne sich Sorgen zu machen, wie viele er verletzt und betrügt. Man kann sogar behaupten, es macht ihm Spaß sie zu betrügen, ihre Gefühle sind ihm auf jedem Fall gleichgültig. Als er Donna Elvira zufällig trifft, ist es ihm höchstens peinlich, dass sie ihm mit so viel Emotion und Zorn anredet. Die Bedeutung ihrer Worte bewegt ihn nicht, er denkt nur daran, wie er am schnellsten der Situation entfliehen kann. Es ist deshalb kaum überraschend, dass der Enthusiast wenig von diesem Teil der Oper beschreibt, denn für einen Romantiker wäre ein solches Verhalten unpassend und unakzeptabel. Gleichfalls beschreibt der Enthusiast nicht, wie Leporello Donna Elvira die Wahrheit sagt, und ihr das Buch zeigt, wo er die zahlreichen Eroberungen seines Herrn aufgelistet hat. Der Enthusiast erkennt, dass Don Giovanni ein „Frevler" (S.56) und ein „Verräter" ist, aber trotzdem gelingt es ihm, den Helden zu romantisieren, und diese Bezeichnungen lassen ihn einfach mächtiger erscheinen.

Was Don Giovannis Verhalten Donna Elvira gegenüber noch betrifft, wird auch nicht beschrieben, wie Donna Elvira, von Don Giovanni völlig betrogen fühlend, die Entscheidung trifft, sich zu rächen: „Ah vendicar vogl'io / L'ingannato mio cor" („Ah, rächen will ich mein betrognes Herz". Mozart S.36-37). So eine Szene zu beschreiben hätte dem Leser Donna Elviras Perspektive näher gezeigt, der möglicherweise danach Don Giovanni weniger positiv gesehen hätte. Außerdem wird, wie schon erwähnt, die zehnte Szene des ersten Aktes nicht beschrieben, weil sie auch ein negatives Licht auf den Charakter Don Giovannis wirft. Don Giovanni will Zerlina zu seinem Landsitz bringen, dann taucht Donna Elvira auf, völlig außer sich vor Zorn, und redet Don Giovanni mit folgenden Worten an: „Fermati scellerato: il ciel mi fece / Udir le tue perfidie; io sono a tempo / Di salvar questa misera innocente / Dal tuo barbaro artiglio." („Halt, Schamloser: der Himmel ließ mich deinen Schwindel mit anhören, rechzeitig noch bin ich gekommen, diese Unglückliche, Unschuldige deiner brutalen Klaue zu entreißen". Mozart S.48-49) Don Giovanni versucht Zerlina zu überzeugen, dass Elviras Worte nicht wahr sind, aber er schafft das nicht und Donna Elvira nimmt Zerlina mit sich weg. Eine ähnliche Situation kommt noch in der zwölften Szene vor: dieses Mal spricht Don Giovanni mit Don Ottavio und Donna Anna, die noch nicht wissen, dass er derjenige ist, den sie suchen. Er verspricht, ihnen zu helfen, dann kommt Donna Elvira herein und will ihnen die entsetzliche Wahrheit über Don Giovanni sagen: „Non ti fidar, o misera, / di quel ribaldo cor!". („Du Unglückliche, vertraue diesem Lügner nicht!" Mozart S.52-53) Als Antwort sagt Don Giovanni ihnen „La povera ragazza / È pazza" („Das arme Mädchen ist von Sinnen" Mozart S.52-53). Zuerst wissen Don Ottavio und Donna Anna nicht, wem sie glauben sollten, aber am Ende der Szene vertrauen sie Don Giovanni nicht mehr. Diese Szenen, wenn Hoffmanns Enthusiast sie beschrieben hätte, hätten erstens gezeigt, wie betrügerisch Don Giovanni ist, und zweitens, wie er nicht immer das bekommt, was er möchte, nämlich Zerlina, und das Vertrauen von der Leute, mit denen er redet. Der Enthusiast will ihn aber so darstellen, dass für ihn alles möglich und nichts unerreichbar sei. Andere Szenen, die Hoffmanns Enthusiast nicht erwähnt, werfen auch ein schlechtes Licht auf Don Giovanni, beziehungsweise zeigen die Handlung von dem Standpunkt anderer Menschen, was der Erzähler vermeiden will. So lässt er den Teil der Oper aus, als Don Giovanni die Hochzeitsfeier von Masetto und Zerlina unterbricht, dann Masetto und die anderen Gäste in seinen Palast einlädt, unter dem Vorwand, für sie eine schöne Feier veranstalten zu wollen, nur damit er allein mit Zerlina sein kann, um sie zu überzeugen, dass sie mit ihm anstatt mit ihrem Bräutigam, Masetto, zusammen sein sollte.

Man sieht schon, dass Hoffmann die Aufführung der Oper besonders absichtlich auf diese lückenhafte Art beschrieben hat, damit er die positiven Charakteristika seines Helden, Don Giovanni, betonen konnte. Das hat er aber nicht nur dadurch erreicht, dass er potentiell negative Teile weggelassen hat, sondern er hat auch zusätzlich Kommentare über den Charakter gemacht, die ihn in einem positiven

Licht zeigen. Die begeisterte Beschreibung von dem Eintritt Don Giovannis könnte dem Leser den Eindruck geben, dass er wie ein Gott aus einer Wolke auftaucht: „Don Juan wickelt sich aus dem Mantel und steht da in rotem, gerissenen Sammet mit silberner Stickerei, prächtig gekleidet" (S.57). Don Giovannis Kleider sind wie die eines Königs, und die Tatsache, dass der Erzähler sie beschreibt, betont die adelige Herkunft dieser Figur und seinen höheren Klassenstand. Das Aussehen des Charakters wird besonders positiv beschrieben: „Eine kräftige, herrliche Gestalt: das Gesicht ist männlich schön; eine erhabene Nase, durchbohrende Augen, weichgeformte Lippen" (S.57). Das alles gibt den Eindruck, dass er nicht nur ein sehr schöner Mensch ist, sondern auch, dass er mit seiner Schönheit und starken Personalität alles erreichen kann, was er will. Die „erhabene Nase" betont seinen hohen Rang, die „durchbohrende[n] Augen" seine Intelligenz, und die „weichgeformte[n] Lippen", seine Sensualität. Das Gute wird aber auch mit dem Bösen verbunden, indem der Enthusiast Don Giovanni mit Mephistopheles vergleicht: „das sonderbare Spiel eines Stirnmuskels über den Augenbrauen bringt sekundenlang etwas von Mephistopheles in die Physiognomie" (S.57). Diese Charakteristik wird aber trotzdem positiv gesehen: „[…] das, ohne dem Gesicht die Schönheit zu rauben, einen unwillkürlichen Schauer erregt." (S.57) Er wird auch beschrieben, als hätte er magische Kräfte, „als könnten die Weiber, von ihm angeblickt, nicht mehr von ihm lassen und müssten, vor der unheimlichen Gewalt gepackt, selbst ihr Verderben vollenden." (S.57) Der Enthusiast gibt zu, dass Don Giovanni ein entsetzlicher und grausamer Mensch ist, aber es bereitet ihm anscheinend große Freude, dass der Held dadurch Macht über andere Charaktere hat. Gleich nach dieser Beschreibung von Don Giovanni folgt eine Beschreibung von Leporello. Im Vergleich mit Don Giovanni, bei dem das Aussehen sehr positiv beschrieben wird, merkt der Leser sofort, dass Leporello weder so schön, noch so elegant ist wie sein Herr, und dass er einem niedrigeren sozialen Rang angehört. Er wird zweimal sogar „seltsam" genannt: „Die Züge seines Gesichts mischen sich seltsam zu dem Ausdruck von Gutherzigkeit, Schelmerei, Lüsternheit und ironisierender Frechheit; gegen das grauliche Kopf- und Barthaar stechen seltsam die schwarzen Augenbrauen ab." (S.57-58) Das alles gibt den Eindruck, dass Leporello auf einer Seite ein lustiger, freundlicher Mensch ist, und auf der anderen Seite, dass er nichts von Don Giovannis Größe und Macht hat. Dieser Gegensatz zwischen den beiden Charakteren hilft weiter, Don Giovanni noch größer und mächtiger erscheinen zu lassen.

In seiner Beschreibung des Endes des ersten Aktes, stellt der Enthusiast Don Giovanni wie einen wirklichen Helden dar, der „mit gezogenem Schwert seinen

Feinden entgegen [tritt]" (S.59). Der Leser, der Mozarts Oper nicht kennt, würde sofort der Meinung sein, dass Don Giovanni das „Gute" verkörpert, und seine „Feinde", das „Böse", denn das Geschehen ist völlig aus seiner Perspektive erzählt. In der Oper handelt es sich hier eigentlich darum, dass Don Giovanni Zerlina gewalttätig verführt und als sie nach Hilfe schreit, kommen Don Ottavio, Donna Anna und Masetto, um sie zu retten. Hoffmanns Erzähler beschreibt Don Giovanni in dieser Szene als „mutig", aber in der Opernhandlung ist er sogar nicht mutig genug, die Konsequenzen seiner Tat zu akzeptieren, sondern erzählt den Leuten, dass Leporello der Verbrecher sei: „Ecco il birbo che t'ha offesa: / Ma da me la pena avrà! / Mori, iniquo!" („Da ist der Unmensch, der dich überfallen hat: aber seine Strafe empfängt er von mir! Stirb, Schändlicher!" Mozart S.84-85) Der Enthusiast endet seine Beschreibung des ersten Aktes auch auf eine positive Weise, die Don Giovanni besonders mutig erscheinen lässt: „[Er] bahnt sich durch das gemeine Gesindel, das er, wie die tapfere Roland die Armee des Tyrannen Cymork, durcheinanderwirft, daß alles gar possierlich übereinander purzelt, den Weg ins Freie." (S.59-60)

*Die Hervorhebung von Donna Anna in den Mittelpunkt des Geschehens.*

Genau wie Hoffmann seinem Leser eine neue Interpretation von Don Giovannis Charakter gibt, so schafft er auch eine neue Perspektive der Rolle Donna Anna. Bei Mozart ist diese Rolle wichtig, aber trotzdem ist es von gleicher oder sogar weniger Gewicht, als die von Donna Elvira. Donna Elvira soll, bei Mozart, eine Gegnerin Don Giovannis darstellen, die am stärksten seine verführerischen Pläne zerstören und sich rächen will. Hoffmann verleiht aber Donna Anna diese Rolle, „indem der dramaturgische Schwerpunkt des Gegenparts von Donna Elvira auf Donna Anna verlegt wird."[193]

Der Enthusiast ist von Donna Anna begeistert, auf einer Seite von der Rolle dieses Charakters in der Oper, und auf der anderen Seite von der Sängerin, die diese Rolle darstellt, die aber für ihn beide ein und dasselbe sind. In seiner Beschreibung der ersten Szene der Oper lobt er ihr Aussehen, insbesondere ihre Augen, „aus denen Liebe, Zorn, Haß, Verzweiflung, wie aus *einem* Brennpunkt eine Strahlenpyramide blitzender Funken werfen, die wie griechisches Feuer unauslöschlich das Innerste durchbrennen!" (S.56-57) Diese übertriebendramatische Beschreibung betont, wie stark ihre Gefühle sind und wie viel sie leidet. Sie scheint wie eine griechische Göttin zu sein, die Blitz und Feuer aus

---

193 Rohr, Judith: E.T.A. Hoffmanns Theorie des musikalischen Dramas. Untersuchungen zum musikalischen Romantikbegriff im Umkreis der Leipziger Allgemeinen Musikalischen Zeitung. Baden-Baden 1985, S. 86

der Luft rufen kann. Der Leser bekommt dadurch den Eindruck, dass nur Donna Anna wichtig genug ist, Don Giovanni gegenüber zu stehen. Der Erzähler beschreibt auch ihre Haare: „Des dunklen Haares aufgelöste Flechten wallen in Wellenringeln den Nacken hinab." (S.57) Diese Beschreibung betont ihre besondere und natürliche Schönheit, während seine Beschreibung davon, wie sie angekleidet ist, ihre Sensualität betont: „Das weiße Nachtkleid enthüllt verräterisch nie gefahrlos belauschte Reize" (S.57). Außerdem lobt er ihr Singen: „welche Stimme!" (S.57) und beschreibt, wie „Durch den Sturm der Instrumente leuchten wie glühende Blitze die aus ätherischem Metall gegossenen Töne!" (S.57) Wieder bekommt man hier den Eindruck, dass der Erzähler Donna Anna als eine himmlische Figur sieht und völlig begeistert von ihrem Aussehen und ihrem Talent ist.

Die lückenhafte Beschreibungsart, die Hoffmann benutzt, um eine positive Interpretation von Don Giovanni zu schaffen, benutzt er auch, um Donna Anna weiter in den Mittelpunkt des Geschehens zu ziehen. Wie schon erwähnt, gibt er eine sehr ausführliche Beschreibung von ihrem Eintritt in der ersten Szene, während seine Beschreibung von Donna Elvira sehr kurz ist: „Eben schalt die lange hagere Donna Elvira, mit sichtlichen Spuren großer, aber verblühter Schönheit" (S.58). Der Enthusiast beschreibt auch das Gespräch, das Donna Anna mit Don Ottavio in der dritten Szene führt und er zitiert ihre Worte. Das Auftauchen der mysteriösen Figur in der Loge lenkt die Aufmerksamkeit des Erzählers ab, und das, was er deswegen nicht beschreibt, sind elf Szenen (die fünfte bis zur fünfzehnten), wo bei Mozart Donna Anna selten mitspielt, aber Donna Elvira auf der anderen Seite eine relativ große Rolle hat. In diesen Szenen kommen auch verschiedene Nebenhandlungen mit Zerlina, Masetto und Leporello vor. Indem der Enthusiast einen so großen Teil der Oper einfach auslässt, begrenzt er die Handlung, damit sie intensiver auf Don Giovanni und Donna Anna konzentriert ist.

### Die Vorstellung des Enthusiasten von der Beziehung zwischen Don Giovanni und Donna Anna

Der Enthusiast, als Romantiker, findet es nötig, der Oper „eine tiefere Bedeutung zu geben" (S.65), um sie verstehen zu können, denn „nur ein romantisches Gemüt kann eingehen in das Romantische" (S.65). Wie schon erwähnt, ist er der Meinung, dass Donna Anna Don Giovanni gegenüber steht und dass die beiden in der Handlung eng miteinander verbunden sind. Als er nach der Aufführung in der Loge des leeren Theaters sitzt, beschreibt er seinem Freund Theodor diese Beziehung: „Donna Anna ist rücksichtlich der höchsten Begünstigungen der Natur dem Don Juan entgegengestellt. So wie Don Juan ursprünglich ein wunderbar kräftiger, herrlicher Mann war, so ist sie ein göttliches Weib, über deren reines Gemüt der Teufel nichts vermochte." (S.68)

Der Enthusiast gibt den himmlischen Mächten die Schuld daran, dass Don Giovanni solche bösen Taten begeht; seiner Meinung nach haben diese Mächte Don Giovanni seine verführerischen Begabungen und Schönheit gegeben, aber gleichzeitig das Recht behalten, ihm „aufzulauern und ihm selbst in dem Streben nach dem Höchsten, worin er seine göttliche Natur ausspricht, böse Fallstricke zu legen." (S.66) Der Erzähler sieht als Grund von Don Giovannis ständigen Verführungen, „ein ewiges brennendes Sehnen" (S.66) nach dem „Ideal endlicher Befriedigung" (S. 67), das er – nach der Meinung des Enthusiasten – nie erreichen kann. Aber trotzdem versucht er das, indem er pausenlos von einer Frau zu einer anderen geht, in der Hoffnung, die Befriedigung durch die Liebe finden zu können. Außerdem soll für ihn jede Verführung „ein herrlicher Triumph" sein „über jene feindliche Macht, der ihn immer mehr hinaushebt aus dem beengenden Leben – über die Natur – über den Schöpfer!" (S.67-68)

Donna Anna hätte die Retterin Don Giovannis sein sollen, wenn das Geschehen anders verlaufen wäre. In manchen Bearbeitungen des Don-Juan-Stoffes spielt Donna Anna eine sehr kleine Rolle, oder sie taucht sogar überhaupt nicht auf. Bei Bertati und Gazzanniga, zum Beispiel, ist sie ganz in den Hintergrund des Geschehens geschoben. Mozart ist in seiner Oper von dieser Version ausgegangen, hat aber Donna Anna eine größere, wichtigere Rolle gegeben. Ebenfalls hat Hoffmann die Rolle Donna Annas genommen, und sie noch weiter gehoben, bis sie, wie schon gesagt, eine Gegenspielerin Don Giovannis repräsentiert. Es gibt starke Beweise dafür und es wird in der Forschung außerdem behauptet, dass sie in Hoffmanns Bearbeitung „Don Giovanni heimlich liebe."[194] Der Enthusiast äußert seine Meinung, dass Donna Anna potentiell die Fähigkeit hat, Don Giovanni durch die Liebe „der Verzweiflung seines nichtigen Strebens zu entreißen" (S.69). Aber an dem Punkt, wo diese zwei Charaktere sich kennen lernen, ist Don Giovanni schon zu weit in seinem verzweifelten Streben nach Befriedigung seiner Seele gekommen, und er kann nur daran denken, sie zu ruinieren. Er tötet ihren Vater und ihre Liebe wendet sich dadurch in Hass für den Mörder. Sie sucht Rache, und „nur Don Juans Untergang kann der von tödlichen Martern beängsteten Seele Ruhe verschaffen" (S.69).

---

194 Dobat, Klaus Dieter: Musik als romantische Illusion. Eine Untersuchung zur Bedeutung der Musikvorstellungen E.T.A. Hoffmanns für sein literarisches Werk. Tübingen 1984, S. 146

# Schluss

Hoffmanns Bearbeitung des Don Juan-Stoffs, obwohl nur eine von zahlreichen Versionen über mehrere Jahrhunderte, hat trotzdem eine bedeutungsvolle Wirkung auf spätere Interpretationen geschafft. Hoffmann hat zum ersten Mal den Stoff so bearbeitet, dass Donna Anna sich in Don Giovanni verliebt; diese Idee wurde dann 1830 von Puschkin in seinem Drama *Kamennyj Gost* (Der Steinerne Gast) benutzt, wobei Don Giovanni den Mann von Donna Anna, anstatt den Vater, ermordet.[195] Vor allem aber hat Hoffmann zum ersten Mal das Motiv der romantischen Sehnsucht aufgegriffen und Don Juan als einen Romantiker beschrieben, der auf der Suche nach etwas höherem ist und sich mit der platten Realität nicht abzufinden vermag. Im Jahre 1844 hat auch Nikolaus Lenau sich durch Hoffmanns *Don Juan* inspirieren lassen, indem er in seinen *Dramatische Szenen* über einen Verführer geschrieben hat, der immer auf der Suche nach Befriedigung ist, aber diese nie finden kann.[196] Außerdem hat Hoffmanns Interpretation spätere Aufführungen von Mozarts *Don Giovanni* beeinflusst, so dass sie anders dargestellt wurden als vorher; am meisten hat sich die Rolle von Donna Anna geändert.[197] In wenigen Jahren hat die weibliche Hauptrolle der Oper von Donna Elvira zu Donna Anna gewechselt, was fast unbestritten auf Hoffmanns Bearbeitung des Stoffs zurückzuführen ist.

---

[195] Gnüg, Hiltrud: Don Juan: Ein Mythos der Neuzeit. Bielefeld 1993. S. 85
[196] Ebd. S. 86
[197] E.T.A. Hoffmann: Sämtliche Werke, Bd. 2-1: Fantasiestücke. Werke 1814. Frankfurt 1993. S. 677

# Literaturverzeichnis

## Primärliteratur

Hoffmann, E.T.A.: Sämtliche Werke, Bd. 2-1: Fantasiestücke. Werke 1814. Frankfurt 1993.

Hoffmann, E.T.A.: Don Juan. In: Rat Krespel. Die Fermate. Don Juan. Reclam TB 5274. Stuttgart 2002.

Mozart, W.A.: Don Giovanni *Italienisch / Deutsch*. Reclam TB 7481. Stuttgart 2002

## Sekundärliteratur

Dobat, Klaus Dieter: Musik als romantische Illusion. Eine Untersuchung zur Bedeutung der Musikvorstellungen E.T.A. Hoffmanns für sein literarisches Werk. Tübingen 1984.

Gnüg, Hiltrud: Don Juan: Ein Mythos der Neuzeit. Bielefeld 1993.

Keil, Werner: E.T.A. Hoffmann als Komponist. Studien zur Kompositionstechnik an ausgewählten Werken. In: Hoffmann-Erbrecht, Lothar (Hrsg.): Neue Musikgeschichtliche Forschungen. Breitkopf & Härtel. Wiesbaden 1986.

Rohr, Judith: E.T.A. Hoffmanns Theorie des musikalischen Dramas. Untersuchungen zum musikalischen Romantikbegriff im Umkreis der Leipziger Allgemeinen Musikalischen Zeitung. Baden-Baden 1985.

Steptoe, Andrew: The Mozart-Da Ponte Operas. The Cultural and Musical Background to *Le nozze di Figaro, Don Giovanni,* and *Così fan tutte.* Clarendon Press. Oxford 1988.

Wittmann, Brigitte: Tausendunddrei. In (dies.): Don Juan. Darstellung und Deutung. Darmstadt 1976, S.369-407.

# Ist Peter Handkes Don Juan des 21. Jahrhunderts noch ein Don Juan?

Von Marcel Nakoinz, 2007

# Einleitung

„Ist in unserer emanzipierten Gesellschaft noch Platz für einen Don Juan?", als ich diese Frage, zu Feldforschungszwecken, Passantinnen in den Potsdamer Platz Arkaden stellte, fing ich mir schneller Ohrenfeigen ein, als ich mich versehen konnte. Wie die meisten Menschen hatten diese Damen, beim Namen „Don Juan", das Bild des frauenfressenden Unholdes im Kopf und projizierten dessen Absichten auf den dreisten Interviewer. Indirekt scheint damit eine Antwort auf die Frage gegeben. Jedoch nur in Bezug auf die althergebrachte Interpretation des Don Juan-Stoffes.

Die Folgende Arbeit versucht HANDKEs Unterfangen zu reflektieren, den Don Juan-Mythos[198] in das Gewand des 21. Jahrhunderts zu kleiden. Dieser „Mythos" beschäftigt unsere literarische Welt seit fast vier Jahrhunderten, wie kaum ein anderer. Über dreitausend Versionen[199] zählt mittlerweile die umfassende Don Juan-Bibliografie SINGERs. Im Folgenden möchte ich mich auf Peter HANDKEs Buchversion: „Don Juan (erzählt von ihm selbst)" beziehen, welche eine der modernsten Auslegungen des Themas darstellt. Darin liegt auch schon der Hauptgrund für die Wahl des Themas meiner Hausarbeit. Als Philosophiestudent liegt es mir im Blut, nicht nur Wissen wiederzukäuen, sondern auch selbst in unbekannten Gefilden zu forschen. Dieses Buch verkörpert ein solches Terrain, da, erst 2004 verfasst, sich bis heute lediglich eine Anzahl von Rezensenten dazu äußerten.

Warum Peter HANDKe überhaupt den Don Juan-Stoff aufgriff, soll uns hier weniger beschäftigen. Denn die Germanistik hat keinen Kniefall mehr vor der Autorenintension nötig und so betrachte ich das Werk unabhängig von selbiger.

Bevor jedoch die Frage beantwortet werden kann, ob HANDKEs Don Juan ein wirklicher Don Juan ist, wird ein anderer – diesbezüglich entscheidender – Aspekt zu beleuchten sein. Es ist zu klären, was überhaupt einen „wirklichen" Don Juan ausmacht.

---

198 Ich verwende diesen Begriff nur insoweit, als der Verständnisprozess zwischen den Geschlechter bis heute nicht abgeschlossen ist und damit eine gewisse Rätselhaftigkeit einhergeht.
199 Vgl.: Armand E. Singer: The Don Juan Theme: An Annotated Bibliography of Versions, Analogues, Uses, and Adaptions. Morgantown 1993.

# Was macht den Don Juan-Mythos aus?

Juans starker Abgang: von den Frauen gedeckt[200]

## Wann ist eine literarische Figur als Don Juan zu betiteln?

Nach FRENZEL[201] findet sich die erste literarische Prägung des Don Juan-Themas in TIRSO DE MOLINAS Drama *El Burlador de Sevilla y convidado de piedra* (Der Spötter von Sevilla und der steinerne Gast; Uraufführung 1613 in Madrid). Wurde der junge Draufgänger hier noch am Ende für seine Frevel mit dem Tode bestraft, rückte dieses Element in späteren Adaptionen mehr und mehr in den Hintergrund. Zunächst überwogen klar die burlesken Züge der Figur. Erst in MOLIÈRES Version wurde diese zum skrupellosen Herzensbrecher. Seine Interpretation *Dom Juan ou Le Festin de pierre* (Don Juan oder Das steinerne Gastmahl; 1665 im Théâtre du Palais-Royal in Paris uraufgeführt) stellt die zweite klassische Fassung des Themas dar. Intelligenter, weniger leidenschaftlich, aber auch böser (weil Reue vortäuschend um in die Betten der Frauen zu gelangen), war dieser Don Juan. Leicht abgewandelt, wurde er so von

---

200 Aus: Jürgen Wertheimer: Don Juan und Blaubart. Erotische Serientäter in der Literatur. München 1999, S. 72.
201 Vgl.: Elisabeth Frenzel: Stoffe der Weltliteratur. Ein Lexikon dichtungsgeschichtlicher Längsschnitte, 6., verb. u. um e. Reg. erw. Aufl., Stuttgart 1983, S. 156-161.

110

der dritten, klassischen Version MOZARTs und DA PONTES *Il dissoluto punito o sia Il Don Giovanni* (Der bestrafte Verführer oder Don Juan; Uraufführung 1787 in Prag) aufgegriffen. Ein Groß der späteren Bearbeitungen orientierte sich an diesem Dreiergespann der großen, frühen Fassungen.

Dennoch fällt es, in Anbetracht der Vielfältigkeit des Don Juan-Stoffes, schwer eine klare Definition davon zu formulieren, was einen „echten" Don Juan ausmacht. Zu wenige Gemeinsamkeiten verbinden die verschiedenen Interpretationen der Autoren, die mit Don Juans aller Nationalitäten, Altersstufen und Verführungsqualitäten aufwarten.[202] Daher lassen sich für jeden Versuch einer Definition stets eine Vielzahl von Bearbeitungen finden, die von derselbigen abweichen. JACOBS' Erklärung dafür ist, dass bei diesem Stoff kein festes Grundmotiv vorkommt, an welchem sich die neueren Fassungen orientieren müssten (im Gegensatz zur Urfassung eines Hamlets oder Fausts).[203] Weder das Motiv: "eine Vielzahl von Frauen" zu verführen (in manch einer Auslegung begegnet Don Juan nur einer Frau), noch das der: "Bestrafung seiner Sünden durch den Tod", kann als eine solche Richtlinie herhalten:

> *»Damit allerdings wird der Don Juan-Mythos grenzenlos und in seinem Wesen unfaßbar.«*[204]

Jeder neuen Generation von Bearbeitern steht es offen, sich nicht an eine Definition zu klammern, sondern ihr eigenes Vorverständnis des Stoffes als Basis zu nehmen.[205] Da dieses sich mit der Zeit ändert, ähnelt die Entwicklungsgeschichte des Don Juan-Stoffs gewissermaßen einem historischen „Stille-Post-Spiel", doch dazu später mehr.

Dessen ungeachtet gibt es, wie ich finde, eine Gemeinsamkeit aller Versionen des Don Juan-Stoffs: Es geht immer um (mindestens) eine Form der Liebe. Egal ob homo- oder heterosexuell, platonisch oder erotisch: Zu jeder Zeit werden Spannungskonflikte zwischen den Geschlechtern thematisiert. Insofern trifft diese Definition anscheinend auch auf HANDKEs Auslegung zu. Jedoch muss beachtet werden, dass es sich beim Don Juan-Stoff um eine erdachte Figur ohne Gefühle handelt. Selbst CASANOVA, der für seine Vielweiberei weltbekannt war,

---

202 Vgl.: Leo Weinstein: Die beiden Don-Juan-Typen. In: Don Juan. Darstellung und Deutung. Hrsg. v. Brigitte Wittmann, Darmstadt 1976, S. 66.
203 Vgl.: Hans J. Jacobs: Don Juan - heute. Die Don Juan-Figur im Drama des zwanzigsten Jahrhunderts. Mythos und Konfiguration. With a sum. in Engl., Rheinbach/Merzbach 1989, S. 14.
204 Siehe: ebd., S. 17.
205 Vgl.: Jean Rousset: Don Juan und die Metamorphosen einer Struktur. In: Don Juan. Darstellung und Deutung. Hrsg. v. Brigitte Wittmann, Darmstadt 1976, S. 272.

liebte seine Frauen und kannte Herzschmerzen wenn es ihn zur nächsten Auserwählten trieb.[206] Don Juan dagegen kann nicht lieben; er zieht rastlos zur nächsten Eroberung. Es existiert also einen Unterschied zwischen viel verliebten Weiberhelden und einem echten Don Juan.

Hier scheint die HANDKE-Interpretation, die einen viel menschlicheren Don Juan zeigt, mit unserer Definition zu konfligieren.[207] Muss aber ein Don Juan immerzu ein skrupelloser Verführer sein? Für FRENZEL ist ein Don Juan jemand der:

>[...] außerhalb der Liebesergriffenheit steht, in voller Bewußtheit seine Intrige entwirft und in jede erotische Beziehung das ästhetische Moment des Genusses hineinträgt, wobei ihm die Partnerin nur dazu dient, die erwarteten Reaktionen zu erleben und eine poetische Situation zu erzeugen, die der Arrangeur genießt.<[208]

Aber genießt HANDKES Don Juan nicht ebenso seine "Eroberungen"?[209] Das bringt uns zu der Frage: "Ist ein Verführer immer gleich ein Verführer?"

### Das Verführermotiv

FRENZEL definiert das Verführermotiv folgendermaßen:

>Verführung, d.h. die durch Versprechungen, [...] oder Erregung der Sinnlichkeit erzielte Willfährigkeit eines unbescholtenen Mädchens zum Geschlechtsverkehr [...]<[210]

Allgemeiner gesprochen wird also jemand dazu gebracht etwas gegen seine Absicht zu tun. Insofern haben wir hier eine typische Don Juan-Eigenschaft identifiziert.[211] Aber hat diese in unserer modernen Welt überhaupt noch einen zwingenden Charakter? Die Verführbarkeit der Massen im Nationalsozialismus wäre in unserem heutigen, aufgeklärten Informationszeitalter schließlich gar nicht denkbar gewesen. Analoges gilt auch für die Manipulierbarkeit moderner Frauen. Kann also HANDKES Don Juan diesen Namen zu Recht tragen, *ohne* ein Verführer zu sein? Das dem so ist, daran lässt das Buch keinen Zweifel aufkommen:

---

206 Vgl.: Hans J. Jacobs : [wie in Anmerkung 6], S. 20.
207 Vgl.: Peter Handke: Don Juan (erzählt von ihm selbst). Frankfurt am Main 2004, S. 109.
208 Siehe: Elisabeth Frenzel: Motive der Weltliteratur. Ein Lexikon dichtungsgeschichtlicher Längsschnitte, 3., überarb. u. erw. Aufl., Stuttgart 1988, S. 756-774, hier: S. 770.
209 Vgl.: Peter Handke: S. 77, 121, u.a.
210 Siehe: Elisabeth Frenzel: S. 756-774, hier: S. 756.
211 Vgl.: Beatrix Müller-Kampel: Don Juan. In: Ders. (Hrsg.): Mythos Don Juan. Leipzig 1999, S. 11- 22, hier: S. 11.

*»Don Juan war kein Verführer. Er hatte noch nie eine Frau verführt. [...] Und umgekehrt war Don Juan auch noch keinmal von einer Frau verführt worden. [...] seine Macht [war] eine andere.«*[212]

Dieser Aspekt führt uns zum Hauptteil meiner Arbeit.

## Ist Peter Handkes Don Juan der Moderne noch ein Don Juan? – ein Vergleich

Ich möchte für die folgende Betrachtung den traditionellen Typus des Don Juan heranziehen. Denn er ist es, an den die meisten von uns denken, wenn wir den Namen "Don Juan" hören (ähnlich den Feministinnen in den Arkaden). Meine Entscheidung unterstützend finden sich im HANDKE-Buch einige Anspielungen auf eben diesen klassischen Don Juan. Auf Seite dreizehn wird zum Beispiel geschildert, wie dem Auftritt Don Juans eine in den Garten fliegende Lanze voran geht. Obwohl sich diese bei genauerer Betrachtung als Haselstock herausstellt, könnte man sie dennoch als Symbol für die obligatorischen Degenduelle des klassischen Don Juans mit den betrogenen Ehemännern der Frauen deuten. Ein ähnliches Vergleichsfeld eröffnet sich durch den Umstand, dass HANDKEs Protagonist der Musik überdrüssig ist. Hier lässt sich vermuten, dass HANDKe sich damit bewusst vom Don Juan MOZARTs bzw. der Oper im Allgemeinen abgrenzen will.

Auf den ersten Blick widerspricht HANDKEs Don Juan klar dem, an das Buch herangetragenen, klassischen Vorverständnis einer Don Juan-Figur. Zwar entlehnt HANDKE dem Stoff Reichliches, verändert seinen Protagonisten aber gleichzeitig derart radikal, dass man meinen könnte es handle sich hierbei um das genaue Gegenteil des berühmten Verführers. Der eine ist Pragmatiker, der andere ein reiner Kopfmensch[213]. Im Gegensatz zum Ur-Don Juan, welcher sich immer nur der Körperlichkeit hingibt, treibt HANDKEs Don Juan eine innere Trauer voran, aus der er seine Stärke zieht.[214]

Trüge HANDKEs Don Juan also nicht diesen Namen, wäre sicher kaum ein Leser auf Anhieb geneigt anzunehmen, dass es sich hierbei um den prominenten Frauenhelden handeln soll. Der Verfremdungseffekt wird dadurch noch verstärkt, dass Don Juan hier kontextfremd in unsere Zeit gestellt wird. Auch die

---

212 Siehe: Peter Handke: S. 73.
213 Vgl.: ebd., S. 32ff.
214 Vgl.: ebd., S. 101.

Figuren bieten uns keinerlei Bezugspunkte zum klassischen Don Juan des Theaters. Übrig blieben einzig Don Juan, sein Diener und die Frauenabenteuer.

Andererseits lässt HANDKE seinem Helden aber genügend Züge der klassischen Stoff-Darstellung; wenn auch in abgewandelter Form: So reist auch dieser Don Juan viel durch die Welt. Aber anders als das skandalsuchende Original, nicht weil er vor den Gatten der Frauen flüchten müsste (diese werden ihm meist sogar zum Freund[215]), sondern aus dem tief sitzenden Schmerz eines Verlustes heraus.[216] Auch fliegen den beiden die Frauen[217] ohne große Mühen zu, nur das der neue Don Juan sie weniger offensiv verführt. Zudem ist beiden ihre promiske Lebensweise und die mit ihr verbundene Rastlosigkeit gemein. Aber auch hier haben sie unterschiedliche Beweggründe. Während der alte Don Juan aus niederen Instinkten handelt, sehnt sich (nach allem was wir vom Erzähler der Geschichte wissen) HANDKEs Don Juan nach dem erfüllten Augenblick mit einer Frau. Doch währen diese Momente nie lang und so setzt sich dessen Odyssee von Frau zu Frau fort.

Bei genauerer Betrachtung stellt sich jedoch heraus, dass auch dieser Don Juan kein harmloser Held ist. Sein Blick, setzt ebenfalls ein Begehren in den Frauen frei[218], welches im Buch sogar als "Bewusstwerdung ihrer bisherigen Einsamkeit"[219] tituliert wird. Auch er scheut nicht vor der "Verführung" einer Braut am Altar zurück und lässt die ihn liebenden Frauen zurück. Jedoch ohne dabei das Gefühl des "Triumphes" zu verspüren; wie der Rezensent Lothar Müller in der Süddeutschen Zeitung vom 06.08.2004 bemerkte.

Um also zu beweisen, dass es sich bei HANDKEs Protagonisten um einen Don Juan handeln muss, bleibt lediglich zu klären warum er nicht in die jahrhundertealte Schablone des donjuanesken Anforderungsprofils passen will. Man muss sich also fragen warum dieser Don Juan so sehr von seinen vorangegangenen Auslegungen abgeweicht. Ist die Schablone vielleicht veraltet? Brauchen wir eine modernere Interpretation des Verführers, welcher besser in unsere Welt passt?

Genau hier liegt meiner Meinung nach die Quintessenz. Der Don Juan-Stoff lebt eben gerade davon, dass er eine gesellschaftliche Reflexion ist und als solche immer neu erfunden werden muss. Warum dann aber plötzlich so fundamentale Umwälzungen?

---

215 Vgl.: ebd., S. 16.
216 Vgl.: ebd., S. 54.
217 Der Plural ist ebenso eine Gemeinsamkeit.
218 Vgl.: Peter Handke: S. 74ff.
219 Vgl.: ebd., S. 76.

Dies lässt sich vielleicht am besten mit unserer, sich immer schneller entwickelnden, Gesellschaft erklären. In der letzten Hälfte des 20. Jahrhunderts geschahen mehr soziale Entwicklungen, als in vielen Jahrhunderten davor. Bis in die 60er Jahre hinein war die Rolle des Mannes klar definiert: Versorger, Oberhaupt der Familie, Schöpfer von Kultur und Technik. Spätestens Ende der 60er Jahre begann sich jedoch, dass bis dato vorherrschende Männlichkeitskonzept zu zersetzen. Mit der Erosion der männlichen Stellung wurde das Interesse am anderen, nun unabhängig gewordenen Geschlecht neu entfacht. Musik und Literatur, kennen heute kaum ein ähnlich spannendes Thema, wie das der Liebe. Hier setzt HANDKE an und verfremdet den "Mythos" um zu provozieren. MOYSICH nennt diese Taktik *"spielverderberisch"* weil dieser Don Juan:

> »[...] ausschert aus den zunehmend gefragten Seifen-Inszenierungen sogenannter Liebes-Stoffe gleichwie des ursprünglich gegenreformatorischen Don Juan Stoffes mit seiner weiter hochgehaltenen Doppelmoral.«[220]

Damit wird ein Widerspruch an den Pranger gestellt, welcher die Männer mit der Emanzipation der Frau ereilte. Während Jungen mit der Idee aufgezogen wurden, in einer reinen Männerwelt ihren Mann stehen zu müssen und dafür zu Hause umsorgt zu werden, müssen sie sich plötzlich in Frage stellen, ihre Macht an die Frauen abgeben und mitunter deren Fähigkeiten erlernen.

Wir leben in einer Zeit in der Frauen von Männern erwarten sensibel und partnerschaftlich zu sein. Jedoch ohne dabei die begehrenswerte Note des rauen, feurigen Liebhabers zu verlieren. Vieles allzu Gegensätzliches wird von Männern verlangt und so wissen sie nicht so recht wie sie sich verhalten sollen. Soziologen sprechen deshalb vom "Wandel (bzw. der Krise) der Männlichkeit".[221]

---

220 Helmut Moysich: „...allein schon mit den Augen mir in eine Ferne zielend". Anmerkungen zu Peter Handkes Don Juan (erzählt von ihm selbst). In: manuskripte. Zeitschrift für Literatur. Nr. 44 (2004), S. 117-120, hier: S. 117.
221 Vgl.: Walter Hollstein: Männerdämmerung. Von Tätern, Opfern, Schurken und Helden. Göttingen 1999, S. 11ff.

*»Die Männer von heute sehen sich einer ganz neuen Situation gegenüber, weil die Definition von Liebe weiblich bestimmt worden ist. In der Vergangenheit war das, was Männer taten – arbeiten, um die Familie zu ernähren, [...] akzeptiert als ihre Art, Liebe zu zeigen. Doch das ist vorbei. Heute wird von Männern erwartet, daß sie ihre Liebe genauso wie die Frauen ausdrücken [...].«*[222]

HANDKES Don Juan scheint dieser Spagat zu gelingen. Er geht mit der Zeit, spricht die Sprache der Frauen und reflektiert sich selbst. Anstatt sich zu verbiegen und es ihnen Recht machen zu wollen, geht er seinen eigenen Weg. Das ist heute für viele Frauen verführerisch. Triebgesteuerte Lebemänner hingegen, werden heute bestenfalls belächelt.

Wir halten also fest: Wenn man heutzutage ein Don Juan sein will, dann muss man verführerisch wirken. Will man verführerisch wirken, muss man Männlichkeit verströmen. Wenn man wiederum männlich sein will, muss man vor allem man selbst sein. Und wenn dem so ist, dann verdient HANDKES neuer Don Juan seinen Namen mehr, als jeder vor ihm.

## Ein Mythos wird neu aufgelegt

Dieser neue Don Juan schafft das Kunststück, dem heutigen Bild des Mannes in der Krise zu entkommen, indem er sowohl zärtlich, als auch männlich ist. Ein Verführer der nächst höheren Evolutionsstufe sozusagen. Er entspricht dem was KIERKEGAARD noch dem alten Don Juan absprach:

*»Um Verführer zu sein, bedarf es stets einer gewissen Reflexion und Bewusstheit, [...] Aber dieser Bewusstheit fehlt es Don Juan. Er verführt daher nicht. Er begehrt, dies Begehren wirkt verführend; insofern verführt er. Er genießt des Begehrens Befriedigung; sobald er sie genossen, sucht er einen neuen Gegenstand, und so fort ins Unendliche.«*[223]

Das dieser Mangel an Bewusstsein nun ins Gegenteil verkehrt wurde, ist durchaus vereinbar mit meiner These. Man darf sich nur nicht vom Eigennamen: „Don Juan" verwirren lassen. Denn Don Juan ist keine mystische Einzelfigur wie Faust,[224] sondern alle Werke die sich mit ihm beschäftigen, sind ein Teil des Don Juan-Stoffs und erweitern denselben.

---

222 Siehe: Bernie Zilbergeld: Die neue Sexualität der Männer. Was sie schon immer über Männer, Sex und Lust wissen wollten. 2. korr. Aufl., Tübingen 1996, S. 11.
223 Siehe: Sören Kierkegaard: Entweder / Oder. Erster Teil. Band I. In: Sören Kierkegaard. Gesammelte Werke. Hrsg. v. Emmanuel Hirsch u. Hayo Gerdes, Gütersloh 1993, S. 105.
224 Vgl.: Hans J. Jacobs: S. 17.

Der Name steht vielmehr für eine Abstrahierung, eine Idee, eine kollektive sexuelle Fantasie von Männern, wie von Frauen. Zu eben dieser, sich ständig verändernden, Fantasie passt nun der moderne Don Juan viel besser als seine Vorgänger. HANDKE zog gewissermaßen die "Uhr dieses Stoffes" auf, welche in unserer modernen soziokulturellen Umgebung begann nachzugehen.

Denn heute ist kein naives ausleben der Sexualität mehr möglich, wie es im 17. Jahrhundert noch der Fall gewesen sein mag. Damit geht aber auch Verunsicherung auf beiden Seiten einher: Männer bekommen nicht mehr von der Gesellschaft vordefiniert was männlich ist und Frauen ihrerseits nicht mehr, was sie für männlich zu halten haben.

In einer Welt, in der die Weiblichkeit immer ausgeprägter wird, muss sich ein Verführer anpassen, damit er sein Ziel erreichen kann. Heutige Don Juans nennen sich „*Womanizer*", verfolgen eigene Ziele und sind sich selbst treu. Sie zeichnen sich nicht mehr zwingend durch Charme oder wilde Versprechungen aus. Vielmehr zeigen sie auch Empfindungen, genau wie der melancholische Held HANDKEs. Selbst die männlichsten Sexsymbole singen nun davon, dass Frauen sie schlecht behandeln. Jedes zweite Lied im Radio behandelt in diesen Tagen das Liebesthema, egal ob Pop, Volksmusik, Techno, oder Gangsterrap. Entsprechendes gilt auch für Comedy Shows, Filme usw.

Diese Anpassung erklärt sich wiederum durch etwas sehr Elementares. Ich vertrete die These, dass im Grunde alles was Männer schaffen – egal ob Erfindungen, Kriege oder Weltwunder – nur dazu dient, Frauen zu imponieren. So lässt sich fast alles in der Welt auf Sex und damit den Drang zur Erhaltung der Art (dem biologischen Sinn des Lebens), reduzieren.[225]

## Abschlussbetrachtung

Die Antwort auf die Fragestellung der Hausarbeit muss also: „Ja", lauten. Denn dieser Don Juan verkörpert den postmodernen Mann in der Gesellschaft, so wie es der alte Don Juan für den Mann der vergangenen Gesellschaft tat. Die Menschheit entwickelt sich weiter und mit ihr, ihre Mythen. Mit der Zeit ist auch der Don Juan-Stoff gereift[226] und so erklärt sich auch der Ausspruch des Erzählers am Ende des HANDKE-Buches, nachdem alle vorangegangen Don

---

225 Vgl.: Gregorio Marañón: Don Juan – biologisch betrachtet. In: Don Juan. Darstellung und Deutung. Hrsg. v. Brigitte Wittmann, Darmstadt 1976, S. 71.
226 Vgl.: Beatrix Müller-Kampel: S. 11-22, hier: S. 18ff.

Juans „die falschen" waren.[227] Jene mögen einst genügt haben; heute sind sie es jedoch, die den Namen des berühmten Verführers nicht verdienen. HANDKE tat also gut daran, das veraltete Spiegelbild unserer Gesellschaft aufzupolieren. JACOBS stimmt dem zu, wenn er sagt:

>*Don Juan tendiert mehr und mehr zu einer qualitativ nicht weiter differenzierten Funktion, in der das abstrakte Problem der Beziehungen der Geschlechter thematisiert wird. Als archetypisches Problem der Menschheit wird diese Neubestimmung ständig notwendig sein und die Statik gerade dieses Mythos verhindern.*<[228]

Der Mensch neigte schon immer dazu Abstraktes zu personifizieren. So verkörpert die Göttin Justitia zum Beispiel "gerechtes Handeln". Gleichartig dient der Don Juan-Stoff einer Reflexion bezüglich der Geschlechterrollen. So lange es Beziehungen zwischen Menschen gibt und diese ihren Gegenüber nicht verstehen, wird es weiter neuen Stoff für Don Juan geben. Ich hatte also die eingangs formulierte Frage an die Passantinnen in den Arkaden nur falsch gestellt. Um eine rationale und bejahende Antwort zu erhalten, hätte ich lediglich fragen müssen: „Ist in unserer emanzipierten Gesellschaft noch Platz für den *Don Juan, Peter Handkes*?"

---

227 Peter Handke: S. 157.
228 Hans J. Jacobs: S. 335.

# Literaturverzeichnis

**Frenzel**, Elisabeth: Motive der Weltliteratur. Ein Lexikon dichtungsgeschichtlicher Längsschnitte, 3., überarb. u. erw. Aufl., Stuttgart 1988

Frenzel, Elisabeth: Stoffe der Weltliteratur. Ein Lexikon dichtungsgeschichtlicher Längsschnitte, 6., verb. u. um e. Reg. erw. Aufl., Stuttgart 1983

**Handke**, Peter: Don Juan (erzählt von ihm selbst). Frankfurt am Main 2004

Hollstein, Walter: Männerdämmerung. Von Tätern, Opfern, Schurken und Helden. Göttingen 1999

**Jacobs**, Hans J.: Don Juan - heute. Die Don Juan-Figur im Drama des zwanzigsten Jahrhunderts. Mythos und Konfiguration. With a sum. in Engl., Rheinbach/Merzbach 1989

**Kierkegaard**, Søren: Entweder / Oder. Erster Teil. Band I. In: Sören Kierkegaard. Gesammelte Werke. Hrsg. v. Emmanuel Hirsch u. Hayo Gerdes, Gütersloh 1993

**Marañón**, Gregorio: Don Juan – biologisch betrachtet. In: Don Juan. Darstellung und Deutung. Hrsg. v. Brigitte Wittmann, Darmstadt 1976

Müller-Kampel, Beatrix: Don Juan. In: Ders. (Hrsg.): Mythos Don Juan. Leipzig 1999

Moysich, Helmut: „...allein schon mit den Augen mir in eine Ferne zielend". Anmerkungen zu Peter Handkes Don Juan (erzählt von ihm selbst). In: manuskripte. Zeitschrift für Literatur. Nr. 44 (2004), S. 117-120

**Rauhut**, Franz: 1003 Variationen des Don-Juan-Stoffes von 1630 bis 1934. Mit e. Vorw. v. Cäcilie Gänssle-Pfeuffer. Konstanz 1990

Rousset, Jean: Don Juan und die Metamorphosen einer Struktur. In: Don Juan. Darstellung und Deutung. Hrsg. v. Brigitte Wittmann, Darmstadt 1976

**Singer**, Armand E.: The Don Juan Theme: An Annotated Bibliography of Versions, Analogues, Uses, and Adaptions. Morgantown 1993.

**Weinstein**, Leo: Die beiden Don-Juan-Typen. In: Don Juan. Darstellung und Deutung. Hrsg. v. Brigitte Wittmann, Darmstadt 1976

**Zilbergeld**, Bernie: Die neue Sexualität der Männer. Was sie schon immer über Männer, Sex und Lust wissen wollten. 2. korr. Aufl., Tübingen 1996

**Einzelbände:**

- Angela Ott. Don Juan – von Mozart bis heute. ISBN: 978-3-656-11963-0.

- Viktoria Heitz. Die Don Juan-Figur in der Tradition des Mythos. Ein Vergleich der Werke des 17. bis 20. Jahrhunderts. ISBN: 978-3-656-45330-7.

- Maik Lehmkuhl. Horvath und der Mythos Don Juan. Untersucht an dem Theaterstück "Don Juan kommt aus dem Krieg". ISBN: 978-3-638-65456-2.

- Helen Stringer. E.T.A. Hoffmanns 'Don Juan' als Interpretation von W.A. Mozarts 'Don Giovanni'. ISBN: 978-3-638-94525-7.

- Marcel Nakoinz. Ist Peter Handkes "Don Juan" des 21. Jahrhunderts noch ein Don Juan?. ISBN: 978-3-638-76967-9.

CPSIA information can be obtained
at www.ICGtesting.com
Printed in the USA
BVHW031020250419
546529BV00002B/259/P